JN084475

世界の商標ハンドブック

（第2版）

特許業務法人 三枝国際特許事務所
商標・意匠部 編

発明推進協会

は　じ　め　に

　2020年は、歴史的にも"コロナショック"の言葉で表現される年となるでしょう。今後の経済活動の先行きは不透明であり、国際情勢についても不確実性が高まっているといえます。近年の積極的なグローバル化に伴う人々の自由な移動が、皮肉にもウィルス拡散を招く事態となり、経済活動が世界規模で機能不全に陥ったことは、歴史的にも大きな教訓となりつつあります。

　一方で、半ば強制的に普及が進んだオンライン化の流れは、知的財産権に関する内外の行政及び司法及び国際機関の運用や企業の知財の業務遂行にも変化をもたらしています。電子出願、電子登録証、オンラインを利用した仲裁手続や口頭審理、開廷等に代表される知財分野のデジタル化は急速に発展するでしょうし、国境を超えたデータベースの均質化への移行、属地主義ルールの希薄化も遠くない未来の形であると想像できます。

　さて、初版から３年が経過した本書『世界の商標ハンドブック』ですが、東京オフィス15周年を記念し、第２版を上梓する運びとなりました。この間には、カナダやメキシコ等の主要国の法改正、ミャンマーの商標制度の施行、イギリスのEU離脱、東南アジア諸国等のマドリッドプロトコルの加盟等、大きな変化があり、第２版ではそれらを反映しております。商標実務にあたって必要なときに手にとって速やかにご確認いただけるツールとして是非ご活用いただければ幸いです。

　本書の掲載国および地域、国際機関の制度に関する各事項は、弊所の実務経験と現地代理人からの情報をもとにしています。商標実務にあたっては、法律で明文化されていないプラクティスも多くあり、時に異なる代理

人から異なる回答をいただくことも少なくありません。このことから、各代理人情報は明記を控えることにしましたが、各代理人の協力なしでは各情報の網羅的な入手は困難でした。加えて、何よりも日頃から信頼をお寄せいただき、商標制度のある国はほぼ全てにご依頼をいただいている顧客の皆様には深謝申し上げます。また、日頃ご支援をいただいております発明推進協会の出版チームの方々にも併せてお礼申し上げます。

　最後に、本書が皆様の商標実務の一助として、広くご利用いただけることを祈念しております。

令和2年11月

特許業務法人三枝国際特許事務所

商標・意匠部

凡　　例

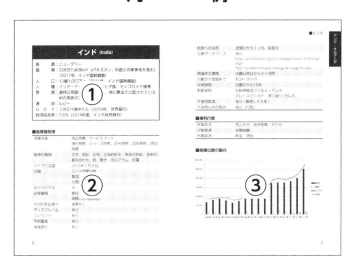

① 　各国の一般統計：基本的に外務省ウェブサイトにおける公表データに
　　基づいています。統計出典等についても、基本的に外務省ウェブサイ
　　トに依拠しています。ただし、GDP 等の経済指標については、世界
　　銀行等のデータを参照しているところがあります。

② 　商標権取得・権利行使：各項目については、各国現地代理人による回
　　答と当所の調査結果を踏まえて、制度の概要を簡潔に記載しています。
　・保護対象：保護される商標の内容を記載しています。
　・商標の種類：保護される商標の構成・態様を記載しています。
　・分類：国際分類の採用の有無、類見出しの記載の可否、小売役務の指
　　　　　定の可否を記載しています。
　・多区分の可否：多区分出願の可否を記載しています。
　・必要書類：委任状等の必要書類について記載しています。このうち、公
　　　　　　　証人認証もしくは領事認証等が必要な場合は「認証要」と
　　　　　　　しています。願書や商標見本等については省略しています。
　・相対的登録要件：先行商標についての審査の有無について記載してい
　　　　　　　　　　ます。

- ディスクレーム：識別力のない部分について権利不要求制度の有無を記載しています。
- コンセント：先行商標権者からの同意書提出によって登録ができる制度の有無を記載しています。ただし、いわゆる完全型か留保型かは省略しています。
- 早期審査：早期に審査結果を受ける制度の有無を記載しています。
- 情報提供：審査において第三者が拒絶理由の情報を審査官に提供できる制度の有無を記載しています。
- 拒絶への応答：拒絶通知への応答期間を記載しています。また、期間延長ができるときは「延長可」を、できないときは「延長無し」を記載しています。
- 公開データベース：登録商標を検索できるデータベースの URL を記載しています。
- 異議申立期間：異議申立てができる時期・期間を記載しています。
- 出願から登録まで：出願から登録までのおおよその目安となる期間を記載しています。拒絶への対応が必要となった場合はさらに時間がかかります。
- 存続期間：権利期間を記載しています。
- 更新期間：更新申請（出願）ができる時期・期間を記載しています。猶予期間がある場合は「グレースピリオド」に期間を記載しています。
- 不使用取消：登録商標の不使用による取消制度の有無を記載しています。かっこ書きに、取消対象となる不使用期間を記載しています。
- 不使用以外の取消：登録無効・取消等、不使用以外に商標登録を取り消す制度の有無について記載しています。かっこ書きは、その手続きが行政庁の管轄の場合は「行政」、裁判所の管轄の場合は「司法」と記載しています。
- 民事救済：侵害に対して民事的な権利行使をおこなう場合の措置を記載しています。
- 行政救済：侵害に対する行政上の救済措置を記載しています。
- 刑事救済：侵害に対する刑事罰を記載しています。

③ 商標出願の動向：世界知的所有権機関（WIPO）における統計データに基づいています。
具体的には、「WIPO IP Statistics Data Center」の数値をグラフ化しています。
・「国内」と「外国」：「Resident and non-resident count by filing office」の「1a- Direct applications」
・「マドリッド」：「Total count by filing office」の「1b- Applications via the Madrid system」
・「合計」：「Total count by filing office」の「1- Total trademark applications (direct and via the Madrid system)」
内容の統一性等のために、データの有無や欠落等についても、WIPOのデータをそのまま掲載しています。ただし、台湾については、知的財産局の統計データをグラフ化しています。

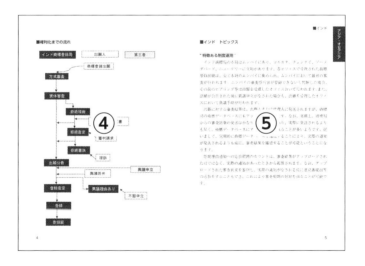

④ 権利化までの流れ：出願から登録まで、異議申立て等についての大まかなフローチャートを記載しています。

⑤ トピックス（コラム）：当所の各弁理士が担当して執筆しています。

目次

はじめに
凡例

第 1 編　アジア・オセアニア

第2編　中東

第3編　ヨーロッパ

第4編　アフリカ

第5編　北米・中南米

第1編

アジア・オセアニア

インド (India)

首　　都：ニューデリー
面　　積：328万7,469km²（パキスタン、中国との係争地を含む）
　　　　　（2011年、インド国勢調査）
人　　口：12億1,057万人（2011年、インド国勢調査）
言　　語：連邦公用語はヒンディー語、他に憲法で公認されている
　　　　　州の言語が21
通　　貨：ルピー
Ｇ　Ｄ　Ｐ：2兆7,263億米ドル（2018年、世界銀行）
経済成長率：6.8%（2018年度、インド政府資料）

■商標権取得

保護対象	商品商標、サービスマーク 連合商標、シリーズ商標、証明商標、団体商標、周知商標
商標の種類	文字、図形、記号、立体的形状、単色の色彩、色彩の組み合わせ、音、動き、ホログラム、位置
マドプロ加盟	2013年7月8日
分類	ニース国際分類 類見出しの使用：可 小売役務：可
多区分の可否	可
必要書類	委任状 商標の使用説明書
相対的登録要件	審査有り
ディスクレーム	有り
コンセント	有り
早期審査	有り
情報提供	有り

拒絶への応答	受領日から１ヶ月、延長可
公開データベース	有り http://ipindiaonline.gov.in/tmrpublicsearch/frmmain.aspx http://ipindiaonline.gov.in/eregister/eregister.aspx
異議申立期間	出願公告日から４ヶ月間
出願から登録まで	約８-10ヶ月
存続期間	出願日から10年
更新期間	存続期間満了日前12ヶ月以内 グレースピリオド：満了後６ヶ月以内
不使用取消	有り（継続して５年）
不使用以外の取消	有り（行政）

■権利行使

民事救済	差止命令、損害賠償、その他
行政救済	水際措置、摘発
刑事救済	罰金、禁固

■商標出願の動向

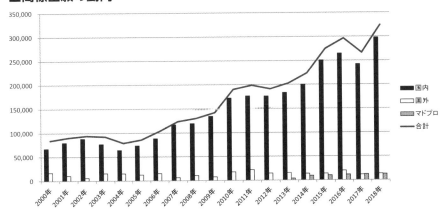

■権利化までの流れ

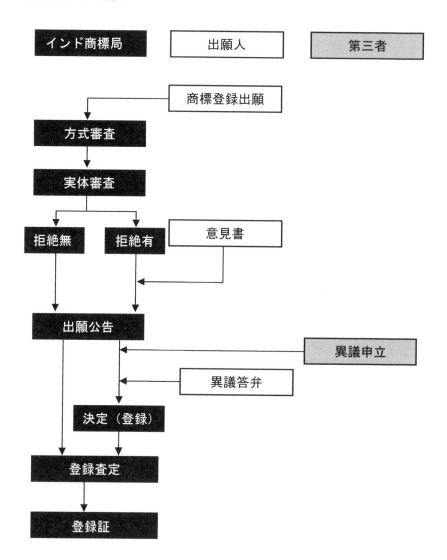

インド商標局　　　出願人　　　第三者

商標登録出願

方式審査

実体審査

拒絶無　　拒絶有　　意見書

出願公告

異議申立

異議答弁

決定（登録）

登録査定

登録証

■インド　トピックス

審査期間の大幅短縮、依然として残る異議申立期間の長期化

　インド商標局の本局はムンバイにあり、コルカタ、チェンナイ、アーメダバード、ニューデリーに支局があります。各支局で受理された商標登録出願は、全て本局のムンバイに集められ、ムンバイにおいて最初の審査が行われます。ムンバイの審査担当官が登録できないと判断した場合、その後のヒアリング等は出願を受理した支局おいて行われます。また、出願が公告された後に異議申立がなされた場合も、出願を受理した支局において異議手続が行われます。

　インドでは出願から審査までのバッグログが問題でしたが、2016年に100人の商標契約審査官を大幅に増員したことで、出願から最初の審査が行われるまで期間は、2020年8月現在、約1ヶ月と大幅に短縮することができました。しかしながら、異議申立を受けた場合、申立から異議申立の決定がなされるまで約5～10年の期間を要します。これは、異議申立を処理できる役職が、商標審査官ではなく、商標登録官という役職であり、その数はインド商標局内全体で25人（※）しか存在しないため、異議申立のバッグログが数多く存在することが原因となります。

　上記異議申立の処理期間を少しでも早める対策としては、早期審査申請を行うことが挙げられます。2017年商標規則改正により、最初の審査報告書の発行のみならず、ヒアリング等の期日の設定、異議申立、最終処分の登録に至るまでの手続についても優先的に審査されるよう改善されました。現状の規定上、早期審査が申請できる期間は、出願から最初の審査報告書が発行されるまでの間ですので、出願時点で早期審査申請を行うこともご検討ください。

（※）インド知的財産総局「Annual Reports 2017-2018」時点の数

インドネシア共和国 (Republic of Indonesia)

首　　都：ジャカルタ
面　　積：約192万 km²
人　　口：約2.55億人（2015年、インドネシア政府統計）
言　　語：インドネシア語
通　　貨：ルピア
G　D　P：1兆422 億米ドル（2018年、世界銀行）
経済成長率：5.02%（2019年、インドネシア政府統計）

■商標権取得

保護対象	商品商標、サービスマーク 団体商標
商標の種類	文字、図形、記号、立体的形状、色彩の組み合わせ、音、 ホログラム
マドプロ加盟	2018年1月2日
分類	ニース国際分類 類見出しの使用：否 小売役務：可
多区分の可否	可
必要書類	委任状、宣誓書
相対的登録要件	審査有り
ディスクレーム	無し
コンセント	無し
早期審査	無し
情報提供	無し
拒絶への応答	受領日から30日以内、延長無し

公開データベース	有り http://e-statushki.dgip.go.id/
異議申立期間	出願公告日から2ヶ月間
出願から登録まで	約10ヶ月
存続期間	出願日から10年
更新期間	存続期間満了日前6ヶ月以内 グレースピリオド：満了後6ヶ月以内
不使用取消	有り（継続して3年）
不使用以外の取消	有り（司法）

■権利行使

民事救済	差止命令、損害賠償
行政救済	水際措置、摘発
刑事救済	罰金、禁固

■商標出願の動向

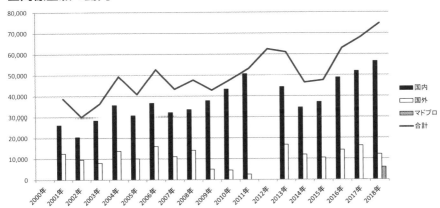

凡例：
- 国内
- 国外
- マドプロ
- 合計

■権利化までの流れ

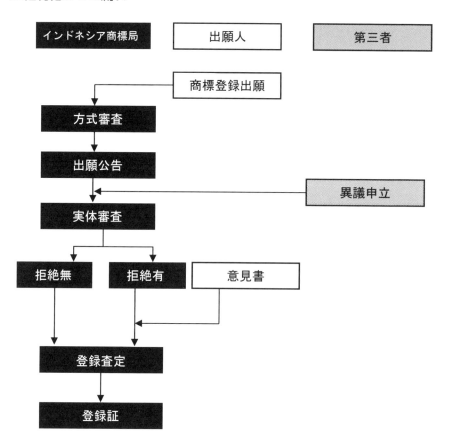

■インドネシア　トピックス

　インドネシアにおいても、法令上は不使用取消制度が存在します。不使用取消を行う場合には、通常商務裁判所に提起します。なお、不使用の立証責任が請求人側にあり（日本においては権利者側）、かつインドネシアが多数の島から構成される広大な島国であることとも相俟って、不使用の立証が非常に困難であることから、実務上使われることは少ないそうです。ただ、食品分野や化粧品分野等、商売を行うのに国の許可等が必要な分野であれば、許可等がなければ商売ができない＝商標も使用できないはずですので、許可等がされていなければ不使用の立証もしやすく、不使用取消制度も有効に活用できるかもしれません。

東西5,110km、13,466島

オーストラリア連邦 (Commonwealth of Australia)

首　　都：キャンベラ
面　　積：769万2,024km²
人　　口：約2,499万人（2018年６月、豪州統計局）
言　　語：英語
通　　貨：豪州ドル
Ｇ　Ｄ　Ｐ：1兆3,379億米ドル（2018年、IMF）
経済成長率：2.9％（2017／2018年、豪州統計局）

■商標権取得

保護対象	商品商標、サービスマーク シリーズ商標、証明商標、団体商標、防護商標
商標の種類	文字、図形、記号、立体的形状、単色の色彩、色彩の組み合わせ、音、動き、ホログラム、位置、香り、味
マドプロ加盟	2001年７月11日
分類	ニース国際分類 類見出しの使用：可 小売役務：可
多区分の可否	可
必要書類	無し
相対的登録要件	審査有り
ディスクレーム	無し
コンセント	有り
早期審査	有り
情報提供	有り

拒絶への応答	発行日から15ヶ月（拒絶理由を解消するまでの期間）、6ヶ月の延長可
公開データベース	有り https://search.ipaustralia.gov.au/trademarks/search/advanced
異議申立期間	出願公告日から2ヶ月間
出願から登録まで	約7ヶ月
存続期間	出願日から10年
更新期間	存続期間満了日前12ヶ月以内 グレースピリオド：満了後6ヶ月以内
不使用取消	有り（継続して3年）
不使用以外の取消	有り（行政・司法）

■権利行使

民事救済	差止命令、損害賠償、その他
行政救済	水際措置、摘発
刑事救済	罰金、禁固

■商標出願の動向

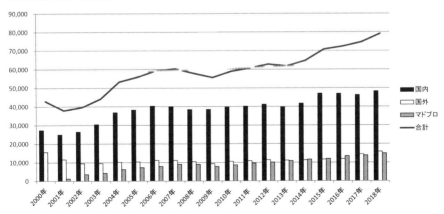

■権利化までの流れ

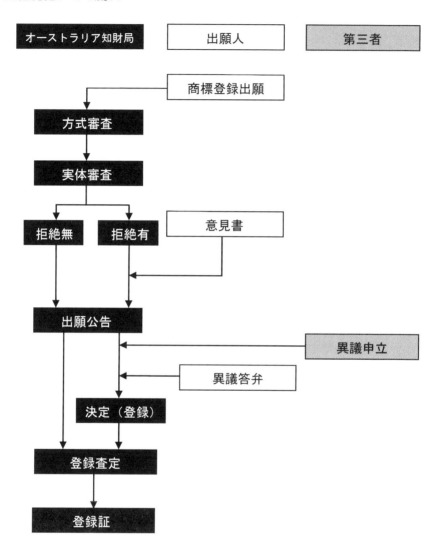

■オーストラリア　トピックス

　オーストラリアの商標制度の中でユニークなものとして、拒絶理由通知への応答期間が挙げられます。通常、「拒絶理由通知の日付から〇〇月」といったように、応答期限が設定されることが多いのですが、オーストラリアでは「応答」期限ではなく、「拒絶解消」の期限が設定されます。拒絶解消の期限とはすなわち、「拒絶理由通知の日付から〇〇月以内に応答してください」というのではなく、「拒絶理由通知の日付から〇〇月以内に、拒絶理由を解消する必要があります」ということです。

　拒絶解消の期限は、拒絶理由通知の日付から15ヶ月です。15ヶ月と聞くと長い感じがしますが、出願人側の最初の応答では審査官を説得できず拒絶理由が維持されることもありますし、主張内容を補強するための更なる証拠資料の提出が求められることなどもあります。また、審査官側でも応答内容を審査するために、一定の時間が必要という点にも留意する必要があります。

　例えば、拒絶理由通知が発せられ、３ヶ月後に応答を行ったところ、応答後２ヶ月後に当該拒絶理由が解消されなかった旨の通知がなされた場合、拒絶を解消するための期間は残り10ヶ月ということになります。

　拒絶理由が発せられた場合、「まだ15ヶ月もある」とは考えずに、期限には余裕をもって対応することが推奨されます。なお、同期限は延長することも可能です。

カンボジア王国 (Kingdom of Cambodia)

首　　都：プノンペン
面　　積：18.1万 km²
人　　口：16.3百万人（2018年、IMF 推定値）
言　　語：カンボジア語
通　　貨：リエル
Ｇ　Ｄ　Ｐ：約241億米ドル（2018年推定値、IMF 推定値）
経済成長率：7.5%（2018年、世界銀行）

■商標権取得

保護対象	商品商標、サービスマーク 団体商標、証明商標
商標の種類	文字、図形、記号、立体的形状、色彩の組み合わせ
マドプロ加盟	2015年6月5日
分類	ニース国際分類 類見出しの使用：否 小売役務：可
多区分の可否	可
必要書類	委任状（認証要）
相対的登録要件	審査有り
ディスクレーム	有り
コンセント	有り
早期審査	無し
情報提供	有り
拒絶への応答	受領日から60日（60日延長可）

公開データベース	有り（asean TM view による） http://www.asean-tmview.org/tmview/welcome.html
異議申立期間	登録公告日から90日間
出願から登録まで	約12-18ヶ月
存続期間	出願日から10年
更新期間	存続期間満了日前6ヶ月以内 グレースピリオド：満了後6ヶ月以内
不使用取消	有り（継続して5年）
不使用以外の取消	有り（行政）

■権利行使

民事救済	差止命令、損害賠償
行政救済	水際措置
刑事救済	罰金、禁固

■商標出願の動向

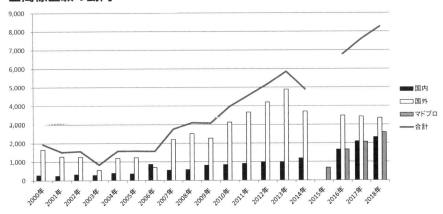

サモア独立国 (Independent State of Samoa)

首　　都：アピア
面　　積：2,830km²
人　　口：約20万人（2018年、世界銀行）
言　　語：サモア語、英語（共に公用語）
通　　貨：サモア・タラ
Ｇ　Ｄ　Ｐ：8.6億米ドル（2018年、世界銀行）
経済成長率：0.7％（2018年、世界銀行）

■商標権取得

保護対象	商品商標、サービスマーク シリーズ商標、団体商標
商標の種類	文字、図形、記号、立体的形状、単色の色彩、色彩の組み合わせ、音、動き、ホログラム、香り、味
マドプロ加盟	2019年3月4日
分類	ニース国際分類 類見出しの使用：否 小売役務：否
多区分の可否	可
必要書類	委任状
相対的登録要件	審査有り
ディスクレーム	有り
コンセント	有り
早期審査	有り
情報提供	無し

拒絶への応答	受領日から6-9ヶ月（60日ずつ3回の延長可）
公開データベース	無し
異議申立期間	出願公告日から3ヶ月間
出願から登録まで	約12ヶ月
存続期間	出願日から10年
更新期間	存続期間満了日前12ヶ月以内 グレースピリオド：満了後12ヶ月以内（ただし、商標法および規則には特定の期間は明記されていない）
不使用取消	有り（継続して3年）
不使用以外の取消	有り（司法）

■権利行使

民事救済	差止命令、損害賠償
行政救済	摘発
刑事救済	罰金、禁固

■商標出願の動向

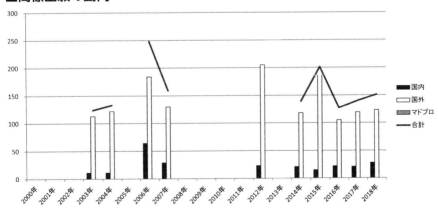

シンガポール共和国 (Republic of Singapore)

首　　都：シンガポール
面　　積：720km²
人　　口：約564万人（2019年1月）
言　　語：国語はマレー語。公用語として英語、中国語、マレー語、
　　　　　タミール語
通　　貨：シンガポール・ドル
Ｇ　Ｄ　Ｐ：3,597億米ドル（2018年、シンガポール統計局）
経済成長率：3.1％（2018年、シンガポール統計局）

■商標権取得

保護対象	商品商標、サービスマーク シリーズ商標、証明商標、団体商標
商標の種類	文字、図形、記号、立体的形状、単色の色彩、色彩の組み合わせ、音、動き、ホログラム、位置、香り、味
マドプロ加盟	2000年10月31日
分類	ニース国際分類 類見出しの使用：可 小売役務：可
多区分の可否	可
必要書類	無し
相対的登録要件	審査有り
ディスクレーム	有り
コンセント	有り
早期審査	無し
情報提供	無し
拒絶への応答	発行日から4ヶ月、通常3ヶ月延長可（審査官の裁量による）

公開データベース	有り https://www.ip2.sg/RPS/WP/CM/SearchSimpleP. aspx?SearchCategory=TM
異議申立期間	出願公告日から２ヶ月間
出願から登録まで	約９ヶ月
存続期間	出願日から10年
更新期間	存続期間満了日前６ヶ月以内 グレースピリオド：満了後６ヶ月以内
不使用取消	有り（継続して５年）
不使用以外の取消	有り（行政・司法）

■権利行使

民事救済	差止命令、損害賠償、その他
行政救済	水際措置、摘発
刑事救済	罰金、禁固

■商標出願の動向

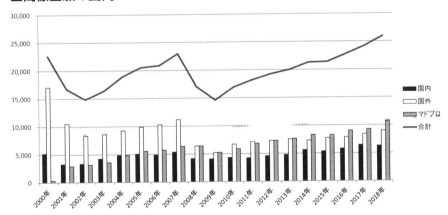

19

■権利化までの流れ

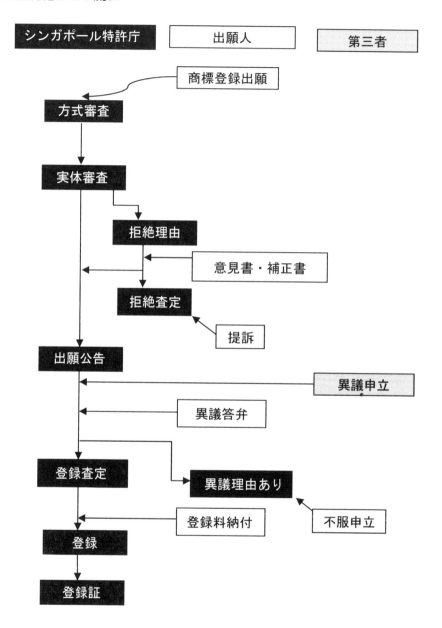

■シンガポール　トピックス

シンガポールは"知財紛争解決のハブ"に成長

　2019年11月12日、知的財産の保護強化とシンガポールの国際仲裁の強化等を目的として、Intellectual Property（Dispute Resolution）Act 2019 が施行された。知的財産紛争については、シンガポール知的財産庁（IPOS）、州裁判所及び高等裁判所が管轄権を有していたが、新法施行によりすべての知財紛争について高等裁判所が専属管轄権を有することとなっている。また、仲裁法 AA 及び国際仲裁法 IAA に新たな規定が追加され、シンガポールで広く知財紛争を仲裁できることを明確化した。

　ところで、シンガポールが2013年に発表した「IP マスタープラン」は、シンガポールを知財ハブとするための10ヶ年計画であり、その柱の一つが"知財紛争解決のハブ"である。既に WIPO 仲裁センターやシンガポール国際仲裁センター（SIAC）等の紛争解決機関が設置されているが、かかる仲裁の規定改正は、国を挙げてシンガポールを国際的な知的財産紛争解決のハブへ成長させる戦略の表れでもある。

　特に、知財に関する契約等は、ボーダレスな紛争に結びつくことが多く、外国判決の強制執行及び承認の限界もあることから SIAC を選ぶ事例が年々増加している。SIAC は、仲裁の国際標準である UNCITRAL モデルに準拠し、手続が長期化せず、仲裁費用も高額ではなく、コモンローに精通した英米法系の第三国の仲裁人（パネル）が多く公正中立性が担保されている等、日本企業においてメリットは大きい。SIAC の特徴は、1 名の仲裁人で迅速かつ廉価で紛争を解決する事例が多いことにあり、仲裁人の信頼性が高いことを示唆している。また、オンライン仲裁を推奨するソウル議定書を速やかに展開している点も評価できる。

　従来は、アジアによる仲裁機関として、特に中国企業が絡む案件については香港仲裁を採択することが多かったが、今後はシンガポールが国際的な知財の紛争解決地となりそうだ。

スリランカ民主社会主義共和国 (Democratic Socialist Republic of Sri Lanka)

首　　都：スリ・ジャヤワルダナプラ・コッテ
面　　積：6万5,610km²
人　　口：約2,103万人（2016年）
言　　語：公用語（シンハラ語、タミル語）、連結語（英語）
通　　貨：ルピー
Ｇ　Ｄ　Ｐ：889億米ドル（2018年、スリランカ中央銀行）
経済成長率：3.2%（2018年、世界銀行）

■商標権取得

保護対象	商品商標、サービスマーク 連合商標、証明商標、団体商標
商標の種類	文字、図形、記号、立体的形状、色彩の組み合わせ
マドプロ加盟	未
分類	ニース国際分類 類見出しの使用：可 小売役務：可
多区分の可否	否
必要書類	委任状
相対的登録要件	審査有り
ディスクレーム	有り
コンセント	有り
早期審査	無し
情報提供	無し
拒絶への応答	発行日から3ヶ月（3ヶ月ごと2回の延長可）

公開データベース	無し
異議申立期間	出願公告日から３ヶ月間
出願から登録まで	約24-36ヶ月
存続期間	出願日から10年
更新期間	存続期間満了日前12ヶ月以内 グレースピリオド：満了後６ヶ月以内
不使用取消	有り（継続して５年）
不使用以外の取消	有り（司法）

■権利行使

民事救済	差止命令、損害賠償、その他
行政救済	水際措置、摘発
刑事救済	罰金、禁固

■商標出願の動向

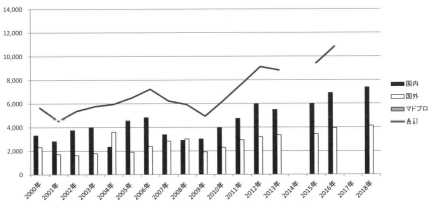

タイ王国 (Kingdom of Thailand)

首　　都：バンコク
面　　積：51万4,000km²
人　　口：6,891万人（2017年、タイ国勢調査）
言　　語：タイ語
通　　貨：バーツ
G　D　P：4,872億米ドル（2018年、IMF）
経済成長率：4.1%（2018年、NESDC）

■商標権取得

保護対象	商品商標、サービスマーク 証明商標、団体商標
商標の種類	文字、図形、記号、立体的形状、色彩の組み合わせ、音
マドプロ加盟	2017年11月7日
分類	ニース国際分類 類見出しの使用：否 小売役務：可
多区分の可否	可
必要書類	委任状（認証要）
相対的登録要件	審査有り
ディスクレーム	有り
コンセント	無し
早期審査	無し
情報提供	有り
拒絶への応答	受領日から60日、延長無し

公開データベース	有り（asean TM view による） http://www.asean-tmview.org/tmview/welcome.html
異議申立期間	出願公告日から60日間
出願から登録まで	約12-18ヶ月
存続期間	出願日から10年
更新期間	存続期間満了日前３ヶ月以内 グレースピリオド：満了後６ヶ月以内
不使用取消	有り（継続して３年）
不使用以外の取消	有り（行政・司法）

■権利行使

民事救済	差止命令、損害賠償
行政救済	水際措置、摘発
刑事救済	罰金、禁固

■商標出願の動向

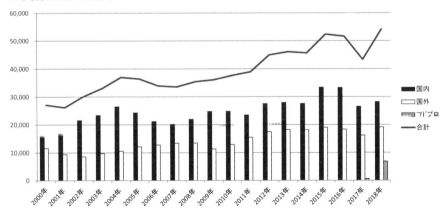

25

■権利化までの流れ

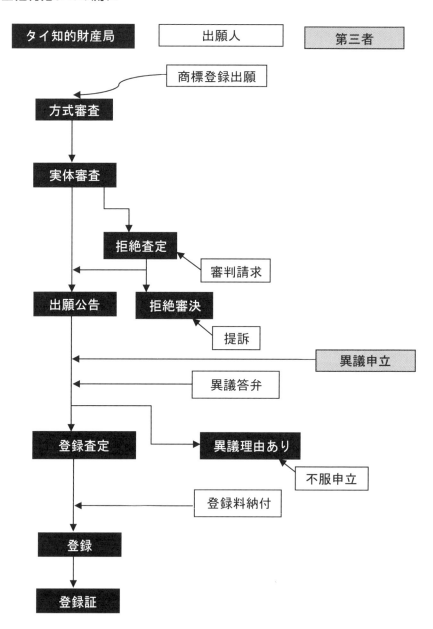

| タイ知的財産局 | 出願人 | 第三者 |

商標登録出願

方式審査

実体審査

拒絶査定

審判請求

出願公告

拒絶審決

提訴

異議申立

異議答弁

登録査定

異議理由あり

不服申立

登録料納付

登録

登録証

■タイ　トピックス

" 単区分出願と多区分出願の違い "

　タイではマドリッドプロトコルによる出願（2017年11月7日より運用開始）に対応するため、2016年商標法改正により単区分制度（1出願につき1区分のみ指定可能とする制度）を改め、多区分による出願も可能となりました。では、タイにおいて複数の区分を商標登録出願する場合、従来どおりの一区分毎の単区分出願と、多区分出願のどちらを選ぶべきでしょうか。

　多区分出願の利点は、一つの出願で多区分の出願・登録情報が確定し、名称・住所変更や移転手続きなども1つの出願に対しての変更で済みますので、一区分毎に別々に出願するよりも、管理上の利便性があります。また、代理人コストについても、多区分出願は、単区分出願の場合よりも低くおさえられることができます。

　一方、タイにおける多区分出願の欠点は、現行制度上、分割出願が認められていないことです。そのため、特定の区分にのみ拒絶または異議を受けた場合、問題のない他の区分を分割出願することが認められていません。また、特定の区分に対する拒絶が克服できなかった場合、全区分が却下されてしまいます。よって、商標調査の結果、拒絶理由になる可能性がある要素がある商標を出願する場合、従来どおり一区分毎の単区分出願を行うことをお勧めします。

　タイにおける商標登録出願を考える場合には、何を優先すべきかを考慮の上、出願方法を十分に検討する必要があります。

大韓民国 (Republic of Korea)

首　　都：ソウル
面　　積：約10万 km²
人　　口：約5,170万人（2019年現在）
言　　語：韓国語
通　　貨：ウォン
Ｇ　Ｄ　Ｐ：1兆5,701億米ドル（2019年）
経済成長率：2.0％（2019年、韓国銀行）

■商標権取得

保護対象	商品商標、サービスマーク 証明商標、団体商標、業務標章
商標の種類	文字、図形、記号、立体的形状、単色の色彩、色彩の組み合わせ、音、香り、動き、ホログラム等
マドプロ加盟	2003年4月10日
分類	ニース国際分類 類見出しの使用：否 小売役務：可
多区分の可否	可
必要書類	委任状
相対的登録要件	審査有り
ディスクレーム	無し
コンセント	無し
早期審査	有り
情報提供	有り
拒絶への応答	受領日から2ヶ月、1ヶ月ごと4回の延長可（但し、マドプロによる韓国指定の場合は、延長は1ヶ月ごと2回まで）

公開データベース	有り http://engdtj.kipris.or.kr/engdtj/searchLogina. do?method=loginTM
異議申立期間	出願公告日から2ヶ月間
出願から登録まで	約10-12ヶ月
存続期間	登録日から10年
更新期間	存続期間満了日前12ヶ月以内 グレースピリオド：満了後6ヶ月以内
不使用取消	有り（継続して3年）
不使用以外の取消	有り（行政）

■権利行使

民事救済	差止命令、損害賠償（法定損害賠償）、信用回復措置
行政救済	水際措置、その他
刑事救済	罰金、懲役

■商標出願の動向

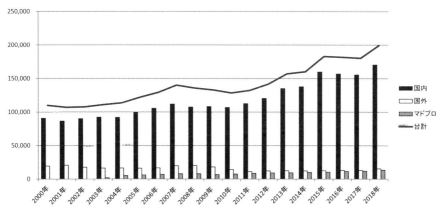

■権利化までの流れ

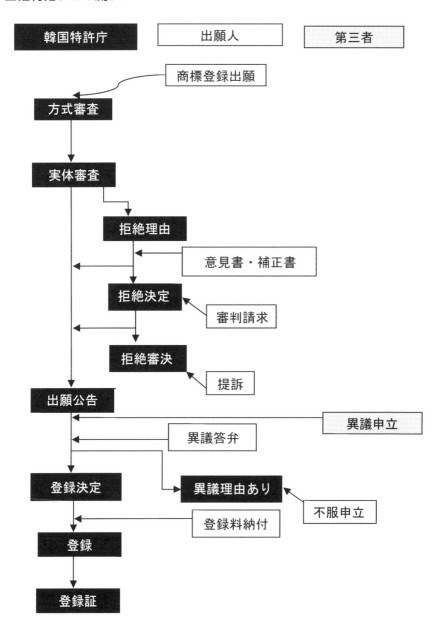

■大韓民国（韓国）　トピックス

電子登録証発行サービス

　韓国特許庁は、2018年7月1日より電子登録証発行サービスを開始している。電子登録証に表示されるQRコードをスマートフォン等のデバイスで読み取ることで、権利内容を確認することができる。QRコード式は中国や台湾でも採用されるシステムであり、今後も拡大されるであろう。ところで、電子登録証については、紙又は電子のいずれかを選択することができるが、電子登録証を選択した場合には、KRW10,000（日本円で約1000円程度）の印紙代が減免される。

　韓国のように既に印刷した紙媒体の登録証を廃止し、電子データのみの登録証を提供する国は年々増えている。例えば、EUIPO、インド、シンガポール、オーストラリア、ニュージーランド等が代表的である。

　2020年7月20日、ロシアにおいても電子登録証を認める改正法が公布され、2021年には発効される予定である。出願から登録証交付までの対庁手続きの全てについて郵送を介すことなく、オンラインで完結できることで利便性が期待でき、またパンデミック等における物流リスクに影響を受けないことから電子登録証の採用は各国においてより加速化しそうである。

　今後、QRコードが登録証に変わり、立体商標や動く商標等がデバイス上で、三次元で表現される時代もそう先ではなさそうだ。

台湾 （Taiwan）

主 要 都 市：台北、台中、高雄
面　　　積：3万6千km²
人　　　口：約2,360万人（2020年2月）
言　　　語：中国語、台湾語、客家語等
通　　　貨：新台湾ドル
G　D　P：5,894億米ドル（2018年、台湾行政院主計處）
経済成長率：2.63%（2018年、台湾行政院主計處）

■商標権取得

保護対象	商品商標、サービスマーク 証明商標、団体商標
商標の種類	文字、図形、記号、立体的形状、単色の色彩、色彩の 組み合わせ、音、動き、ホログラム、位置等
マドプロ加盟	未
分類	ニース国際分類 類見出しの使用：否 小売役務：可
多区分の可否	可
必要書類	委任状
相対的登録要件	審査有り
ディスクレーム	有り
コンセント	有り
早期審査	無し
情報提供	有り
拒絶への応答	受領日から2ヶ月、2ヶ月の延長可

公開データベース	有り http://tmsearch.tipo.gov.tw/TIPO_DR/index.jsp
異議申立期間	登録公告日から３ヶ月間
出願から登録まで	約６-16ヶ月
存続期間	登録日から10年
更新期間	存続期間満了日前６ヶ月以内 グレースピリオド：満了後６ヶ月以内
不使用取消	有り（継続して３年）
不使用以外の取消	有り（行政）

■権利行使

民事救済	差止命令、損害賠償
行政救済	水際措置
刑事救済	罰金、禁固

■商標出願の動向

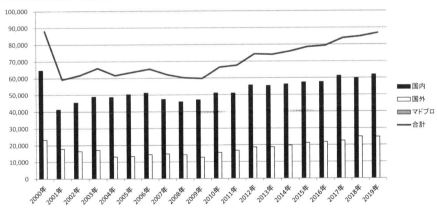

凡例：
■ 国内
□ 国外
▨ マドプロ
— 合計

■権利化までの流れ

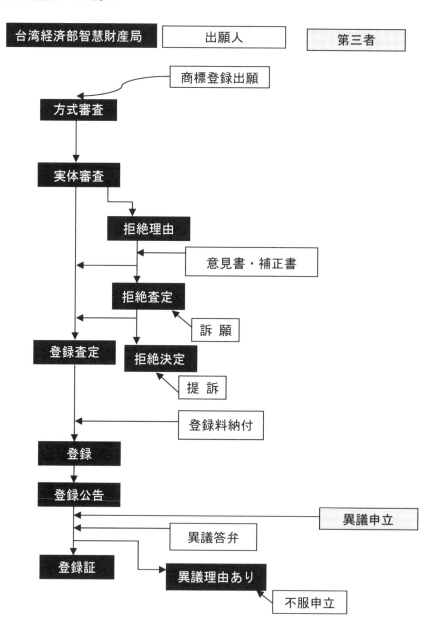

■台湾　トピックス

◆商標登録後の使用に関するガイドラインの発表

　商標法の法目的に照らし、先願主義において未登録商標との平仄を合わせ、また不使用の登録商標により他人の商標権取得の機会が妨げられることを防ぐことを目的として、2019年8月23日に「登録商標の使用にかかる注意事項」が施行されました。該ガイドラインにおける、登録商標と使用態様にかかる社会通念上同一の範囲に関する基準の一部をご紹介いたします。

１．色彩の変更について

　原則として、色の変更が商標の主要な識別要素の変更に該当しない場合に限り、白黒の登録商標を単色もしくは2色以上の色彩に変更した態様による使用も、登録商標の使用と認め

（白黒を赤色に変更）

（多色使いを白黒に変更）

 ≠

（左下から右上に向けて細くなるライン及び扇形部分にそれぞれ異なる色が付されたものを、全て白黒に変更）

られます。従前の基準では、単色であっても、色彩を変更したものは、登録商標と見なされなかったことから、社会通念上同一の範囲が広がったと言えます。

　しかし、登録商標が色彩を付した態様であり、色彩が商標の識別に重要な要素である場合、その態様を白黒に変更したものは、識別要素の実質的な変更に該当すると見なされ、登録商標の使用とは認められない可能性があるため、注意が必要です。

２．繁体字（台湾で使用される表記）と簡体字（中国大陸で使用される表記）の変換について

　台湾の消費者が、書体が異なるのみであると認識しうる場合は、社会通念上同一と認められます。例として、繁体字「臺」を簡体字「台」に変換した使用は、登録商標の使用と見なされます。

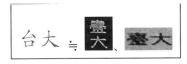

　しかし、書体の変更により外観が大きく異なり、台湾の一般消費者が認識できない可能性のある文字については、案件ごとの個別判断により登録商標と認められない可能性がある点に注意が必要です。例として「潔」と「洁」、「葉」と「叶」、「業」と「业」が挙げられます。

中華人民共和国 (People's Republic of China)

首　　都：北京
面　　積：約960万 km²
人　　口：約14億人
言　　語：漢語（中国語）
通　　貨：人民元
Ｇ　Ｄ　Ｐ：約14兆1,400億米ドル（2019年、IMF）
経済成長率：6.1％（2019年、中国国家統計局）

■商標権取得

保護対象	商品商標、サービスマーク 証明商標、団体商標
商標の種類	文字、図形、記号、立体的形状、色彩の組み合わせ、音
マドプロ加盟	1995年12月1日
分類	ニース国際分類 類見出しの使用：否 小売役務：可（薬品、医療用品の小売のみ）
多区分の可否	可
必要書類	委任状 主体資格証明（法人の場合は現在事項証明書、個人の場合はパスポート又は運転免許証の写し）
相対的登録要件	審査有り
ディスクレーム	有り
コンセント	有り
早期審査	無し
情報提供	無し

拒絶への応答	受領日から15日、延長無し、３ヶ月で理由補充可能
公開データベース	有り http://sbj.saic.gov.cn/sbcx
異議申立期間	出願公告日から３ヶ月間
出願から登録まで	約７-12ヶ月
存続期間	原則、登録から10年（起算日は出願公告日から3ヶ月経過の翌日）
更新期間	存続期間満了日前12ヶ月以内 グレースピリオド：満了後６ヶ月以内
不使用取消	有り（継続して３年）
不使用以外の取消	有り（行政）

■権利行使

民事救済	差止命令、損害賠償
行政救済	水際措置、摘発
刑事救済	罰金、禁固

■商標出願の動向

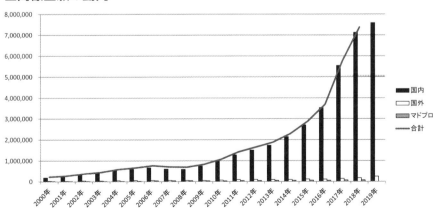

■権利化までの流れ

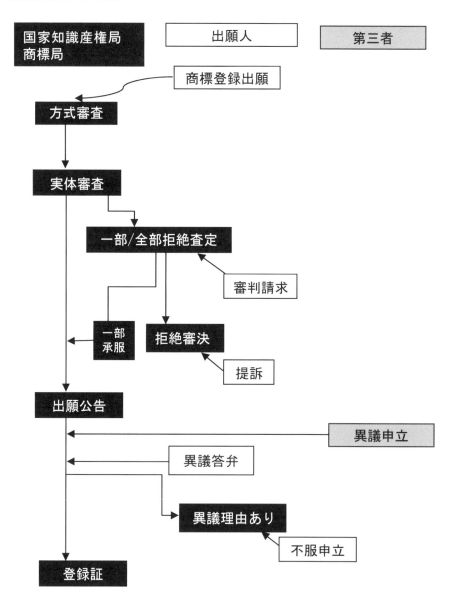

国家知識産権局
商標局

出願人

第三者

商標登録出願

方式審査

実体審査

一部/全部拒絶査定

審判請求

一部
承服

拒絶審決

提訴

出願公告

異議申立

異議答弁

異議理由あり

不服申立

登録証

■中国　トピックス

◆出願審査期間の短縮と係争事件の増加

出願件数はこの10年間一貫して増加傾向にあり、2019年は年間800万件（中国国内・外国出願人および国際登録を含む）に迫る勢いでした。国家知識産権局は、図形商標の審査にAI審査を導入するなど、出願審査期間の短縮を進めています。直近の月別統計では審査期間は約6ヶ月（2020年10月発表）ですが、ファーストアクションまで4ヶ月以下を目標に掲げていることから、今後は更に加速するものと予想されます。

2019年11月1日施行の改正商標法により、使用を目的としない悪意ある商標出願は拒絶する旨の文言が追加されました（改正4条）。これによりいわゆる商標権の転売を目的とした大量の冒認出願を行っているようなケースに対応しやすくなりましたが、一方で審査段階では非類似と判断されるような巧妙な模倣商標が増加しています。そのため係争事件数も増加しており、商標登録後もブランドの希釈化を防ぐための継続的な手当てが必要な状況が生じています。

以上より、出願審査が短期化する一方で、係争事件は案件増加に伴い審理期間が長期化していることから、先行商標対策については、その着手時期を含め、出願全体にかかる長期的な戦略が必要です。

◆同意書（コンセントレター）提出による併存登録

2016年12月、同意書の提出により、同一商標における類似商品にかかる2つの商標の併存登録を認める最高裁判決が出ました（「NEXUS事件」(2016) 最高法行再103号）。これまでも実務上、需要者に混同を生じさせるおそれがないことを前提に、同意書提出により類似商標の併存が認められるケースはあったものの、上記事件では、出願商標と類似商標がそれぞれ高い知名度を有しており、且つ引用商標権者が出願商標の登録と使用に同意している状況においては、類似商品にかかる同一商標であっても、両商標の併存は認められるべきであると判事した点において、影響力のある判例となりました。

ただし、知名度に基づく誤認混同のおそれは案件毎に個別に判断されることから、同意書提出により、必ずしも併存登録が認められるものではない点に、注意が必要です。

日本国

首　　都：東京
面　　積：約37万8,000km²
人　　口：1億2709万人（2015年国勢調査）
言　　語：日本語
通　　貨：円
Ｇ　Ｄ　Ｐ：552.6兆円（2019年度、内閣府）
経済成長率：0.8%（2019年度、内閣府）

■商標権取得

保護対象	商品商標、サービスマーク 団体商標、地域団体商標、防護標章
商標の種類	文字、図形、記号、立体的形状、単色の色彩、色彩の組み合わせ、音、動き、ホログラム、位置
マドプロ加盟	2000年3月14日
分類	ニース国際分類 類見出しの使用：否 小売役務：可
多区分の可否	可
必要書類	無し
相対的登録要件	審査有り
ディスクレーム	無し
コンセント	無し
早期審査	有り。2020年2月1日以降、要件を満たせばファストトラック審査（出願から約6ヶ月で最初の審査結果通知）適用あり。
情報提供	有り

拒絶への応答	受領日から40日（在外者３ヶ月）、１ヶ月１回の延長可（最長３ヶ月）
公開データベース	有り https://www.j-platpat.inpit.go.jp/
異議申立期間	登録公告日から２ヶ月間
出願から登録まで	約12-14ヶ月
存続期間	登録日から10年
更新期間	存続期間満了日前６ヶ月以内 グレースピリオド：満了後６ヶ月以内
不使用取消	有り（継続して３年）
不使用以外の取消	有り（行政）

■権利行使

民事救済	差止命令、損害賠償
行政救済	水際措置
刑事救済	罰金、禁固

■商標出願の動向

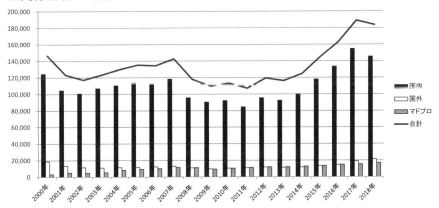

ニュージーランド (New Zealand)

首　　都：ウェリントン
面　　積：27万534km²
人　　口：約495万人（2019年３月、ニュージーランド統計局）
言　　語：英語、マオリ語、手話（2006年より）
通　　貨：ニュージーランド・ドル
Ｇ　Ｄ　Ｐ：2,015億米ドル（2017年、IMF ）
経済成長率：2.8%（2017／2018年度、ニュージーランド統計局）

■商標権取得

保護対象	商品商標、サービスマーク シリーズ商標、証明商標、団体商標
商標の種類	文字、図形、記号、立体的形状、単色の色彩、色彩の組み合わせ、音、動き、ホログラム、位置、香り、味
マドプロ加盟	2012年12月10日
分類	ニース国際分類 類見出しの使用：可 小売役務：可
多区分の可否	可
必要書類	無し
相対的登録要件	審査有り
ディスクレーム	有り
コンセント	有り
早期審査	無し
情報提供	有り

拒絶への応答	出願日から12ヶ月、最長４ヶ月の延長可（審査官の裁量により、その後の延長が認められる場合もある。）
公開データベース	有り https://www.iponz.govt.nz/manage-ip
異議申立期間	出願公告日から３ヶ月間
出願から登録まで	約６-12ヶ月
存続期間	出願日から10年
更新期間	存続期間満了日前12ヶ月以内 グレースピリオド：満了後６ヶ月以内
不使用取消	有り（継続して３年）
不使用以外の取消	有り（行政）

■権利行使

民事救済	差止命令、損害賠償、その他
行政救済	水際措置
刑事救済	罰金、禁固

■商標出願の動向

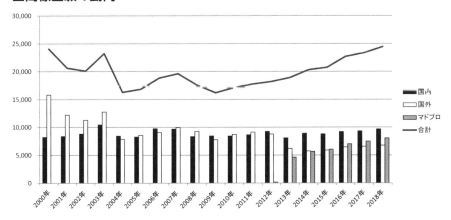

■権利化までの流れ

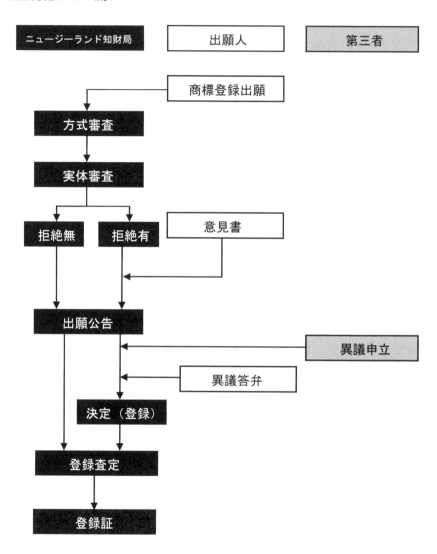

■ニュージーランド　トピックス

　第１国における商標出願日（通常、日本の会社であれば日本における出願であることがほとんどだと思います）から６ヶ月以内であれば、第２国に出願する際、当該第１国出願を基礎としてパリ条約に基づく優先権を主張することが可能です。適法に優先権を主張すれば、第２国出願が第１国出願時にされたような取り扱いを受けることができます。

　パリ優先権を主張する場合、多くの国において、優先権証明書（及び、優先権証明書のその国の言語の訳文）の提出が必要です。訳文の提出が必要な場合には、指定商品・役務の数が多かったり、特許庁が公表している指定商品・役務のリストに掲載されていないような個別の商品・役務を数多く指定していたりすると、訳文の作成にかなりの時間と労力がかかります。しかしながら、ニュージーランドにおいては、原則として優先権証明書の提出は不要で、知財局から求められた場合にのみ提出すれば足りる、ということになっています。なお、提出を求められた場合でも、優先権証明書の原本を提出する必要はなく、その写しを提出すれば足りるそうです。出願人側にしてみれば、出願のための書類準備の負担が減りますので、うれしい限りです。

ネパール連邦民主共和国 (Federal Democratic Republic of Nepal)

首　　都：カトマンズ
面　　積：14.7万km²
人　　口：2,870万人（2018年、アジア開発銀行）
言　　語：ネパール語
通　　貨：ネパール・ルピー
Ｇ　Ｄ　Ｐ：3兆4,643億ネパール・ルピー（約305億米ドル）（2018
　　　　　／2019年度、ネパール財務省）
経済成長率：6.8％（2018／2019年度、ネパール財務省）

■商標権取得

保護対象	商品商標、サービスマーク シリーズ商標、証明商標、団体商標、防護商標
商標の種類	文字、図形、記号、立体的形状、色彩の組み合わせ
マドプロ加盟	未
分類	ニース国際分類 類見出しの使用：可 小売役務：否
多区分の可否	否
必要書類	委任状 本国または外国登録証明書およびその公証認証付き英訳
相対的登録要件	審査有り
ディスクレーム	有り
コンセント	有り
早期審査	無し
情報提供	無し

拒絶への応答	応答期間は受領日起算だが法定期間はなく、審査官の裁量で決められる。15日の延長可
公開データベース	無し
異議申立期間	出願公告日から90日間
出願から登録まで	約15-18ヶ月
存続期間	登録日から7年
更新期間	存続期間満了日前6ヶ月または満了後の35日間 グレースピリオド：満了後36日から6ヶ月以内
不使用取消	有り（継続して1年）
不使用以外の取消	有り（行政）

■権利行使

民事救済	差止命令、損害賠償
行政救済	水際措置、摘発、その他
刑事救済	罰金

■商標出願の動向

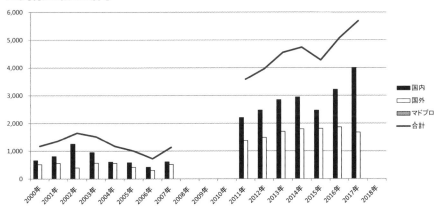

パキスタン・イスラム共和国 (Islamic Republic of Pakistan)

首　　都：イスラマバード
面　　積：79.6万 km²
人　　口：２億777万人（2017年、パキスタン統計省国務調査）
言　　語：ウルドゥー語（国語）、英語（公用語）
通　　貨：パキスタン・ルピー
Ｇ　Ｄ　Ｐ：約3,145億米ドル（2018年、世界銀行）
経済成長率：3.29%（2018／2019年度、パキスタン財務省経済白書）

■商標権取得

保護対象	商品商標、サービスマーク シリーズ商標、証明商標、団体商標
商標の種類	文字、図形、記号、立体的形状、単色の色彩、色彩の組み合わせ、音、動き、ホログラム
マドプロ加盟	未
分類	ニース国際分類 類見出しの使用：可 小売役務：可
多区分の可否	否
必要書類	委任状（認証要） 願書において先使用を主張した場合、審査官は、審査において同一または類似の商標を引用した際に、宣誓書形式で証拠書類とともに使用証明の提出を求めることができる。証拠書類には、実質的な販売／役務提供、広告、請求書、売上送り状、販売実績、広告費等が含まれる。
相対的登録要件	審査有り
ディスクレーム	有り
コンセント	有り

早期審査	無し
情報提供	無し
拒絶への応答	発行日から2ヶ月、1ヶ月ごと3回の延長可
公開データベース	無し
異議申立期間	出願公告日から2ヶ月間
出願から登録まで	約24-30ヶ月
存続期間	出願日から10年
更新期間	存続期間満了日前6ヶ月以内 グレースピリオド：権利満了後、更新登録料未納の公告があり、その公告日から6ヶ月以内
不使用取消	有り（継続して5年）
不使用以外の取消	有り（行政）

■権利行使

民事救済	差止命令、損害賠償、その他
行政救済	水際措置、摘発
刑事救済	罰金、禁固

■商標出願の動向

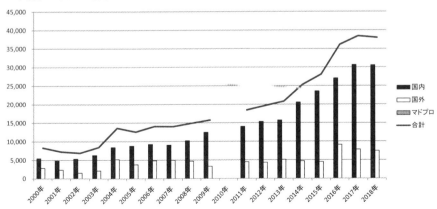

バングラデシュ人民共和国 (People's Republic of Bangladesh)

首　　都：ダッカ
面　　積：14万7千km²
人　　口：1億6,365万人（2018年1月、バングラデシュ統計局）
言　　語：ベンガル語
通　　貨：タカ
Ｇ　Ｄ　Ｐ：1,940億米ドル（2018年、世界銀行）
経済成長率：8.13％（2019年度（バングラデシュ会計年度）、世界
　　　　　　銀行）

■商標権取得

保護対象	商品商標、サービスマーク 連合商標、シリーズ商標、証明商標、団体商標、防護商標
商標の種類	文字、図形、記号、立体的形状、単色の色彩、色彩の組み合わせ
マドプロ加盟	未
分類	ニース国際分類 類見出しの使用：否 小売役務：否
多区分の可否	否
必要書類	委任状
相対的登録要件	審査有り
ディスクレーム	有り
コンセント	有り

早期審査	無し
情報提供	無し
拒絶への応答	発行日から３ヶ月、延長有り
公開データベース	無し
異議申立期間	出願公告日から２ヶ月間
出願から登録まで	約24-36ヶ月
存続期間	出願日から７年
更新期間	存続期間満了日前６ヶ月以内
不使用取消	有り（継続して５年）
不使用以外の取消	有り

■権利行使

民事救済	差止命令、損害賠償
行政救済	水際措置
刑事救済	罰金、禁固

■商標出願の動向

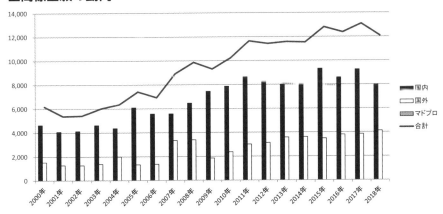

フィリピン共和国 （Republic of the Philippines）

首　　都：マニラ
面　　積：299,404km²
人　　口：約１億98万人（2015年、フィリピン国勢調査）
言　　語：国語はフィリピノ語、公用語はフィリピノ語及び英語。
　　　　　80前後の言語がある。
通　　貨：フィリピン・ペソ（PHP）
Ｇ　Ｄ　Ｐ：3,309億米ドル（2018年、IMF）
経済成長率：6.2%　（2018年、IMF）

■商標権取得

保護対象	商品商標、サービスマーク 連合商標、団体商標
商標の種類	文字、図形、記号、立体的形状、色彩の組み合わせ
マドプロ加盟	2012年７月25日
分類	ニース国際分類 類見出しの使用：否 小売役務：可
多区分の可否	可
必要書類	委任状
相対的登録要件	審査有り
ディスクレーム	有り
コンセント	有り
早期審査	有り
情報提供	無し

拒絶への応答	発送日から60日、60日の延長可
公開データベース	有り http://www.wipo.int/branddb/ph/en/
異議申立期間	出願公告日から30日間
出願から登録まで	約6-12ヶ月
存続期間	登録日から10年
更新期間	存続期間満了日前6ヶ月以内 グレースピリオド：満了後6ヶ月以内
不使用取消	有り（継続して3年）
不使用以外の取消	有り（行政・司法）

■権利行使

民事救済	差止命令、損害賠償、その他
行政救済	水際措置、摘発、その他
刑事救済	罰金、禁固

■商標出願の動向

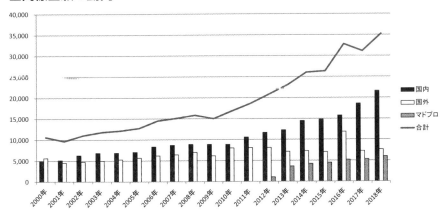

■権利化までの流れ

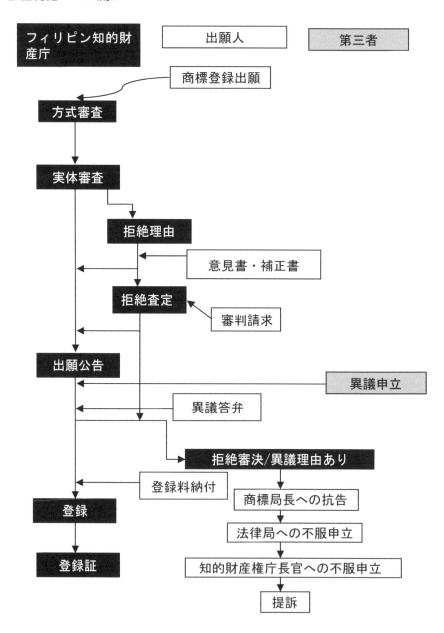

■フィリピン　トピックス

実際の使用に関する宣誓書（Declaration of Actual Use）の提出

　フィリピンは先願主義ですが、商標権を取得・維持するためには、原則として、実際の使用に関する宣誓書（Declarationof Actual Use（以下「DAU」といいます。））の提出が必要です。

　このDAUは、①出願日から３年以内、②登録日から５年〜６年目の１年間、③更新から１年以内、④更新登録日から５年〜６年目の１年間に提出が求められます。このうちの③は2017年の商標規則の改正により新設されたもので、権利者としてはDAU提出の負担が増えたと言えます。なお、マドプロ出願でフィリピンを指定した場合は、①の出願日は「国際登録日（または事後指定日）」、②の登録日は「フィリピンでの保護認容日」となります。

　「実際の使用」とは、フィリピン国内で商標を付した商品またはサービスを提供していることで、例えばウェブサイトのプリントアウトや店舗の写真、取引書類などが使用証拠として提出できます。

　フィリピンでいったん事業を開始すればDAUの提出はさほど困難なものではないかもしれません。しかしながら、円滑に事業を開始できるよう早めに権利取得したために、①の期間内にDAUを提出できず、放棄されたものとみなされてしまうケースも多くあります。ただ、前述の通り、フィリピンはあくまで先願主義ですので、近い将来フィリピンで事業を開始し商標を使用する可能性がある場合には、第三者の出願に邪魔されることのないよう、DAUの提出期限と前後して再出願するのが一般的です。

　ところで、外国人または外国企業の場合、DAUは、署名の上、公証を受ける必要があります。公証の受け方としては、日本で出願人・商標権者の代表者が署名し、日本の公証人の公証を受ける方法と、現地代理人に署名権限を与え、現地で公証を受けるという方法があります。後者の方が費用を抑えることができるケースが多いので公証の方法についても現地代理人と相談することをお勧めします。

ブータン王国 (Kingdom of Bhutan)

首　　都：ティンプー
面　　積：約38,394km²
人　　口：約75.4万人（2018年、世界銀行）
言　　語：ゾンカ語（公用語）等
通　　貨：ニュルタム
Ｇ　Ｄ　Ｐ：24.5億米ドル（2018年、世界銀行）
経済成長率：3.0%（2018年、世界銀行）

■商標権取得

保護対象	商品商標、サービスマーク
商標の種類	文字、図形、記号、立体的形状、単色の色彩、色彩の組み合わせ
マドプロ加盟	2000年8月4日
分類	ニース国際分類 類見出しの使用：否 小売役務：否
多区分の可否	可
必要書類	委任状
相対的登録要件	審査有り
ディスクレーム	無し
コンセント	無し
早期審査	無し
情報提供	無し

拒絶への応答	発行日から2ヶ月、1ヶ月の延長可
公開データベース	無し
異議申立期間	出願公告日から3ヶ月間
出願から登録まで	約10ヶ月
存続期間	出願日から10年
更新期間	存続期間満了日前6ヶ月以内 グレースピリオド：満了後6ヶ月以内
不使用取消	有り（継続して3年）
不使用以外の取消	有り（行政・司法）

■権利行使

民事救済	差止命令、損害賠償
行政救済	水際措置
刑事救済	罰金、禁固

■商標出願の動向

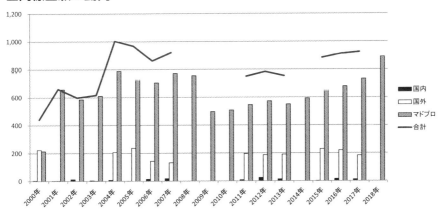

ブルネイ・ダルサラーム国 (Brunei Darussalam)

首　　都：バンダル・スリ・ブガワン
面　　積：5,765km²
人　　口：42.1万人（2017年、ブルネイ首相府）
言　　語：憲法で公用語はマレー語と定められている。英語は広く
　　　　　通用し、華人の間では中国語もある程度用いられている。
通　　貨：ブルネイ・ドル
Ｇ　Ｄ　Ｐ：121億米ドル（2017年、世界銀行）
経済成長率：1.3%（2017年、ブルネイ首相府）

■商標権取得

保護対象	商品商標、サービスマーク 連合商標、シリーズ商標、証明商標、団体商標
商標の種類	文字、図形、記号、立体的形状、単色の色彩、色彩の 組み合わせ、ホログラム
マドプロ加盟	2017年1月6日
分類	ニース国際分類 類見出しの使用：可 小売役務：可
多区分の可否	可
必要書類	無し
相対的登録要件	審査有り
ディスクレーム	有り
コンセント	有り
早期審査	無し
情報提供	無し
拒絶への応答	発行日から2ヶ月、2ヶ月の延長可

公開データベース	有り（asean TM view による）
	http://www.asean-tmview.org/tmview/welcome.html
異議申立期間	出願公告日から３ヶ月間
出願から登録まで	約18ヶ月
存続期間	出願日から10年
更新期間	存続期間満了日前６ヶ月以内
	グレースピリオド：満了後６ヶ月以内
不使用取消	有り（継続して５年）
不使用以外の取消	有り（行政・司法）

■権利行使

民事救済	差止命令、損害賠償
行政救済	水際措置
刑事救済	罰金、禁固

■商標出願の動向

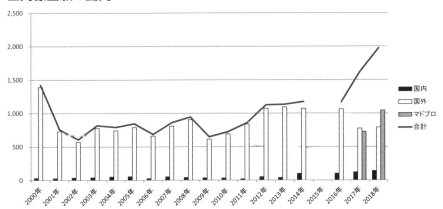

ベトナム社会主義共和国 (Socialist Republic of Viet Nam)

首　　都：ハノイ
面　　積：32万9,241km²
人　　口：約9,467万人
言　　語：ベトナム語
通　　貨：ドン
Ｇ　Ｄ　Ｐ：約2,372億米ドル（5,535兆ドン）（2018年、越統計総局）
経済成長率：7.08%（2018年、越統計総局）

■商標権取得

保護対象	商品商標、サービスマーク 連合商標、証明商標、団体商標
商標の種類	文字、図形、記号、立体的形状
マドプロ加盟	2006年７月11日
分類	ニース国際分類 類見出しの使用：否 小売役務：可
多区分の可否	可
必要書類	委任状
相対的登録要件	審査有り
ディスクレーム	有り
コンセント	有り
早期審査	有り
情報提供	有り
拒絶への応答	発行日から３ヶ月、３ヶ月の延長可

公開データベース	有り
	http://iplib.noip.gov.vn/WebUI/WSearch.php
異議申立期間	出願公告日から登録査定日前までいつでも可
出願から登録まで	約20-24ヶ月
存続期間	出願日から10年
更新期間	存続期間満了日前6ヶ月以内
	グレースピリオド：満了後6ヶ月以内
不使用取消	有り（継続して5年）
不使用以外の取消	有り（行政）

■権利行使

民事救済	差止命令、損害賠償
行政救済	水際措置、摘発、その他
刑事救済	罰金、禁固、その他

■商標出願の動向

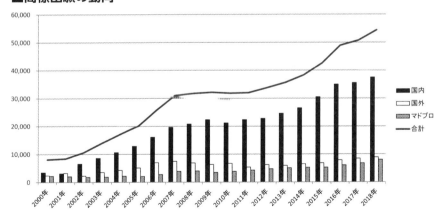

■権利化までの流れ

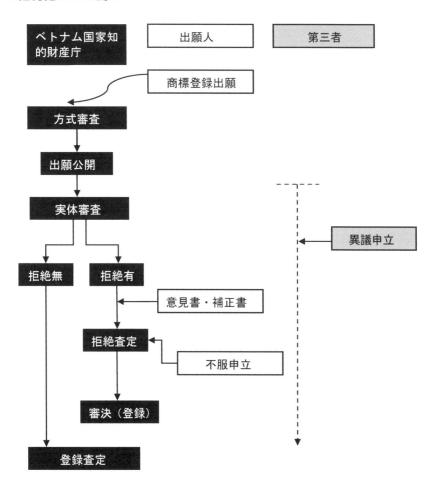

■ベトナム　トピックス

長期にわたる異議申立期間

　日本では、何人も商標掲載公報の発行の日から２月以内に限り、登録異議の申し立てを行うことができます（商標法第43条の２柱書）。また、他の国・国際機関においても、異議申立は、おおむね出願公告の日から２月（韓国）や３月（欧州連合）です。

　一方、ベトナムでは、異議申立は、出願公告から登録査定までの間に行うことができます。ベトナムの知的財産法には、実体審査は出願公告から９月以内に行われると規定していますので、異議申立期間は、半年以上の期間に及んで行うことができます。

　ベトナムでは、何人も書面にて異議申立てを行うことができますが、異議申立てに際しては、異議申立理由を立証する資料を添付するか、申立理由を裏付ける情報源を記載する必要があります。審査官は、異議申立ての理由があると判断した場合、異議申立てを受理した日から１月以内に、出願人に通知を行い、出願人には１月の応答期間が与えられます。ベトナムの異議申立制度は、異議申立の審査を審査官が行いますので、出願人と申立人との間で争う当事者対立構造ではなく、申立人が情報提供を行い、出願人と知的財産庁との対立構造（査定系構造）が採用されています。

　なお、法律上の規定はありませんが、出願人は、運用上、所定の手数料を納付し申請することで、優先的に審査を受けることができます。

　フリーライドやダイリューションのおそれのある商標登録出願を発見した場合には、登録査定前であることを確認のうえ、異議申立を行うことをお勧めします。

香港 (Hong Kong)

面　　積：1,106km²
人　　口：752万0800人（2019年、香港政府統計処）
言　　語：広東語、英語、中国語（マンダリン）ほか
通　　貨：香港ドル
Ｇ　Ｄ　Ｐ：２兆6,681億HKドル（約40.1兆円）（2019年、香港政府統計処）
経済成長率：1.9％（2016年、香港政府統計処）

■商標権取得

保護対象	商品商標、サービスマーク シリーズ商標、証明商標、団体商標、防護商標
商標の種類	文字、図形、記号、立体的形状、単色の色彩、色彩の組み合わせ、音、動き、ホログラム、位置
マドプロ加盟	未
分類	ニース国際分類 類見出しの使用：可 小売役務：可
多区分の可否	可
必要書類	無し
相対的登録要件	審査有り
ディスクレーム	無し
コンセント	有り
早期審査	無し
情報提供	無し

拒絶への応答	発行日より6ヶ月、3ヶ月の延長可
公開データベース	有り https://esearch.ipd.gov.hk/nis-pos-view/
異議申立期間	出願公告日から3ヶ月間
出願から登録まで	約6-8ヶ月
存続期間	出願日から10年
更新期間	存続期間満了日前6ヶ月以内 グレースピリオド：満了後6ヶ月以内
不使用取消	有り（継続して3年）
不使用以外の取消	有り（行政・司法）

■権利行使

民事救済	差止命令、損害賠償、その他
行政救済	水際措置、摘発、その他
刑事救済	罰金、禁固、その他

■商標出願の動向

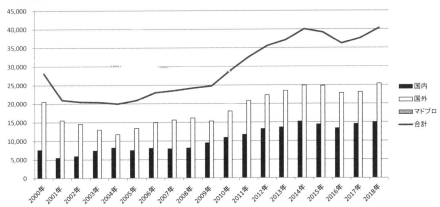

65

■権利化までの流れ

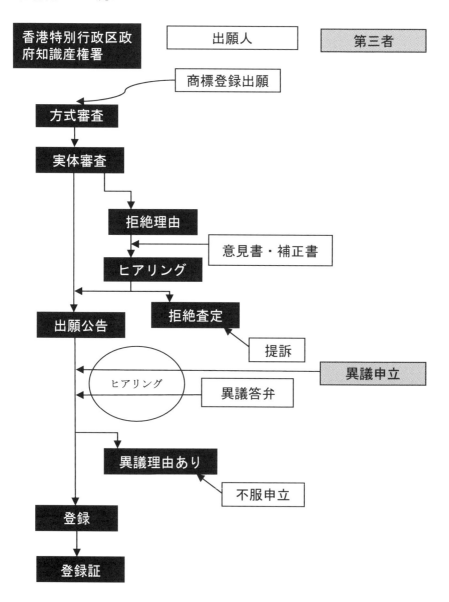

■香港　トピックス

新商標条例の発効と新審査基準の公開

　香港特別行政府香港政府知識産権署は、2020年6月19日付で「改正商標条例 "Trade Marks（Amendment）Ordinance 2020"」を公布した。国際登録に係るマドリッド議定書にかかる規定が導入されており加盟に向けた準備作業が始まっているが、日本企業が香港を指定国として国際登録出願できるのは、早くとも2022年頃といわれている。マドリッド議定書以外の規定は既に発効されているが、出願時に出願人の属性記載（特にアメリカ法人については設立状況）、出願時の官費徴収の徹底化、香港税関当局に同条例に基づく刑事執行権限の付与等が主な改正事項である。実務的には改正条文とは直接関係のない商標の審査基準が同日付で公開されており、「絶対的拒絶理由」や「連続商標（シリーズマーク）」詳細な規定に改訂されている。

　連続商標とは、「商標の本質的部分が互いに共通し、商標法の同一性に影響を生じさせない顕著性の有さない部分のみが相違する複数の商標」のことをいう（規則97条、条例51条）。香港は返還前のコモンウェルスの影響を強く受けており、コンセント制度やカラークレーム、連続商標といった大陸法とは異なる特徴がある。特に「連続商標（シリーズマーク）」は日本で採用されていない制度であり、出願時の注意を要するポイントといえる。左のように顕著性に影響を生じさせない実質同一の商標であれば、1つの出願に最大4つの商標を含めることができる。例えば、異なるフォントのみの違い、枠や下線の有無、簡体字や繁体字のみの違い、

大文字小文字の差異、句読点やハイフンの有無、識別力に影響しない色違い等は連続商標で保護できる。キャラクター商標は、ポーズや表情が異なるが同一キャラクターとして認識される右上の場合には連続商標として認められる。しかし、視覚的又は観念的な差異を生じさせる右下の場合には連続商標として認められない。

　なお、連続商標で出願したものの、互いの実質的同一性が認められなければ、一部の商標削除や分割出願にて対応することとなる。将来的にマドリッド議定書が発効されると連続商標の有用性を享受できなくなるが、現行実務においては権利範囲を明確にする上で有効な制度といえる。

参考：2020年6月19日 IPD HKSAR Trade Marks Registry
https://www.ipd.gov.hk/eng/intellectual_property/trademarks/registry/Series_of_trade_marks.pdf

マカオ（中華人民共和国澳門特別行政区）

面　　積：29.9km²
人　　口：約58万２千人（2012年）
言　　語：中国語、ポルトガル語
通　　貨：マカオ・パタカ
Ｇ　Ｄ　Ｐ：550.8億米ドル（2018年、世界銀行）
経済成長率：5.4%（2018年、世界銀行）

■商標権取得

保護対象	商品商標、サービスマーク 連合商標、証明商標、団体商標
商標の種類	文字、図形、記号、立体的形状、色彩の組み合わせ、音
マドプロ加盟	未
分類	ニース国際分類 類見出しの使用：否 小売役務：否
多区分の可否	否
必要書類	委任状（認証要）
相対的登録要件	審査有り
ディスクレーム	有り
コンセント	有り
早期審査	無し
情報提供	有り
拒絶への応答	発送日から１ヶ月、延長無し

公開データベース	有り http://www.economia.gov.mo/en_US/web/public/Pg_ES_AE_QE_TRADEMARK?_refresh=true http://www.economia.gov.mo/zh_TW/web/public/Pg_ES_AE_QE_TRADEMARK?_refresh=true
異議申立期間	出願公告日から2ヶ月間
出願から登録まで	約12ヶ月
存続期間	登録日から7年
更新期間	存続期間満了日前6ヶ月以内 グレースピリオド：満了後6ヶ月以内
不使用取消	有り（継続して3年）
不使用以外の取消	有り

■権利行使

民事救済	差止命令、損害賠償
行政救済	水際措置、摘発
刑事救済	禁固

■商標出願の動向

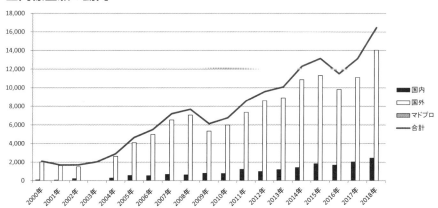

マレーシア (Malaysia)

首　　都：クアラルンプール
面　　積：約33万 km²
人　　口：約3,200万人（2017年、マレーシア統計局）
言　　語：マレー語（国語）、中国語、タミール語、英語
通　　貨：リンギット（MYR）
Ｇ　Ｄ　Ｐ：1兆3,534億リンギット（2017年、マレーシア統計局）
経済成長率：5.9%（2017年、マレーシア投資開発庁）

■商標権取得

保護対象	商品商標、サービスマーク シリーズ商標、証明商標、団体商標
商標の種類	文字、図形、記号、立体的形状、単色の色彩、色彩の組み合わせ、音、動き、ホログラム、位置、香り
マドプロ加盟	2019年12月27日
分類	ニース国際分類 類見出しの使用：一部可 小売役務：可
多区分の可否	可
必要書類	無し
相対的登録要件	審査有り
ディスクレーム	有り
コンセント	有り
早期審査	有り

情報提供	無し
拒絶への応答	発行日から2ヶ月　最長6ヶ月の延長可
公開データベース	有り https://estatus.myipo.gov.my/estatus/web/ index.php?r:estatus
異議申立期間	出願公告日から2ヶ月間
出願から登録まで	約12ヶ月
存続期間	出願日から10年
更新期間	存続期間満了日前6ヶ月以内 グレースピリオド：満了後6ヶ月以内
不使用取消	有り（継続して3年）
不使用以外の取消	有り（司法）

■権利行使

民事救済	差止命令、損害賠償、その他
行政救済	水際措置、摘発、その他
刑事救済	罰金

■商標出願の動向

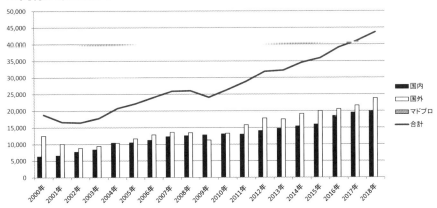

■権利化までの流れ

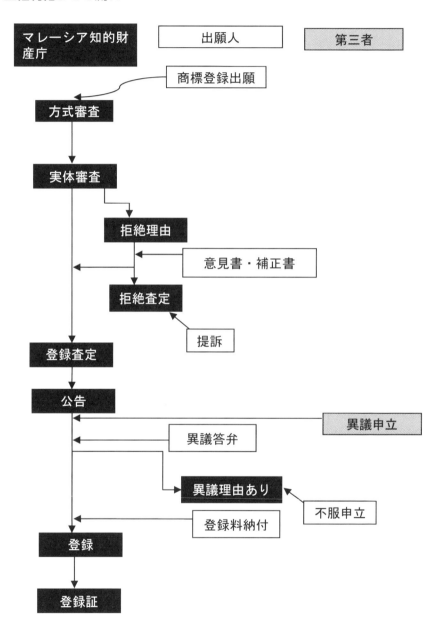

■マレーシア　トピックス

" 商標法改正（マドプロ加盟)"

　2019年12月27日に、1976年商標法を全面的に改正する新商標法が施行されました。

　この改正ではマドプロ加盟を含め、多区分出願や新しい商標（色彩、音、匂い、ホログラム、立体商標、動き商標）の保護が可能になるといった実務上の大きな変更点がありました。

　マレーシアのマドプロ加盟により、ASEAN 10ヶ国（インドネシア、カンボジア、シンガポール、タイ、フィリピン、ブルネイ、ベトナム、マレーシア、ミャンマー、ラオス）のうち、未加盟なのはミャンマーの１ヶ国のみとなりました。そのミャンマーも2019年に商標法が成立し、マドプロ加盟への準備を進めていますので、東南アジアの商標権取得にマドプロ出願を利用するケースがより一層増えてくるものと思われます。

　なお、今回の改正で注意すべき点としましては、「出願日は全ての必要書類が提出された日になる」というものです。例えば、出願商標に漢字やカタカナ等のローマ字以外の言葉が含まれている場合は、その翻訳及び音訳を提出する必要がありますが、その提出が出願書類を提出した日の後になった場合には、出願日が「音訳・翻訳を提出した日」に繰り下がる可能性があります。出願日が繰り下がりますと、他人の商標との類否の判断において、不利になるリスクがありますので、この点ご注意ください。

ミャンマー連邦共和国 (Republic of the Union of Myanmar)

首　　都：ネーピードー
面　　積：68万 km²
人　　口：5,141万人（2014年９月（ミャンマー入国管理・人口
　　　　　省発表））
言　　語：ミャンマー語
通　　貨：チャット（Kyat）
Ｇ　Ｄ　Ｐ：約714億米ドル（2018／19年度、IMF 推計）
経済成長率：6.6%（2018／19年度、IMF 推計）

■商標権取得　2019年１月30日制定の商標法の施行前

保護対象	商標は、所有権宣言書を登録の上、新聞公告すること により保護されます。 商品商標、サービスマーク 連合商標、防護商標
商標の種類	文字、図形、記号、立体的形状、色彩の組み合わせ
マドプロ加盟	未
分類	ニース国際分類 類見出しの使用：可 小売役務：可
多区分の可否	可
必要書類	委任状（認証要） 商標所有の宣誓書（認証要）
相対的登録要件	審査無し
ディスクレーム	有り
コンセント	無し
早期審査	無し

情報提供	無し
拒絶への応答	無し
公開データベース	無し
異議申立期間	異議申立制度無し
出願から登録まで	約1ヶ月
存続期間	規定無し
更新期間	規定無し 慣例として3年毎に新聞公告する
不使用取消	無し
不使用以外の取消	有り（司法）

■商標権取得　2019年1月30日制定の商標法の施行後

保護対象	商品商標、サービスマーク 連合商標、証明商標、団体商標
商標の種類	文字、図形、記号、立体的形状、色彩の組み合わせ
マドプロ加盟	未
分類	ニース国際分類 類見出しの使用：否 小売役務：可
多区分の可否	可
必要書類	委任状（認証要）
相対的登録要件	審査無し
ディスクレーム	有り
コンセント	有り
早期審査	無し
情報提供	無し
拒絶への応答	受領日から1ヶ月、2ヶ月1回延長可

公開データベース	無し
異議申立期間	出願公告日から２ヶ月間
出願から登録まで	約10ヶ月
存続期間	出願日から10年
更新期間	存続期間満了日前６ヶ月以内 グレースピリオド：満了後６ヶ月以内
不使用取消	有り（継続して３年）
不使用以外の取消	有り（行政）

■権利行使

民事救済	差止命令、損害賠償
行政救済	水際措置、摘発
刑事救済	罰金、禁固、その他

■商標出願の動向

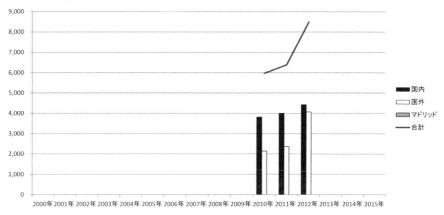

■権利化までの流れ

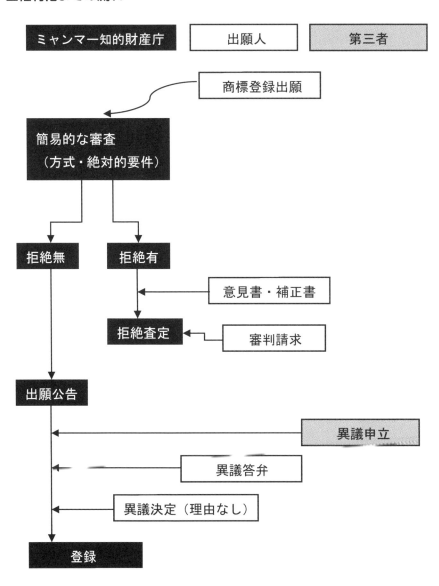

ミャンマー知的財産庁　　出願人　　第三者

商標登録出願

簡易的な審査
（方式・絶対的要件）

拒絶無　　拒絶有

意見書・補正書

拒絶査定　　審判請求

出願公告

異議申立

異議答弁

異議決定（理由なし）

登録

■ミャンマー　トピックス

" 新商標制度の開始 "

　2019年1月30日に商標法が制定され、2020年10月1日より新しい商標制度に基づく出願受け付けが開始されました。新商標制度では、商標法に基づくミャンマー知的財産庁での登録により商標保護が図られることになります。

　この新制度では、先願主義や多区分出願制度の採用、そしてオンラインでの出願申請が開始されます。

　新制度開始の流れについては、まず既存商標のみを優先的に受け付ける期間が開始され（ソフトオープン）、その後に新商標も受け付けられる期間が開始されます（グランドオープン）。

　既存商標とは「①旧制度下で所有権登録された商標」と「②ミャンマー連邦内ですでに使用されている商標」のことをいいます。出願の際には、必要書類として上記①の商標の場合は「所有権登記の写し」、上記②の商標の場合は「使用証拠」を提出する必要があります。

　また、本コラム記載時点では、出願審査においては、方式的要件と絶対的要件（識別力）については審査されますが、他人の商標との類否については審査されないとのことです。そのため、新制度下では、商標登録により自己の商標の保護を図るとともに、自己の商標と同一・類似の商標が審査を通過して、公告されていないかのウォッチングも必要になると思われます。

ラオス人民民主共和国 (Lao People's Democratic Republic)

首　　都：ビエンチャン
面　　積：24万 km²
人　　口：約649万人（2015年、ラオス統計局）
言　　語：ラオス語
通　　貨：キープ（Kip）
Ｇ　Ｄ　Ｐ：140兆7,490億キープ（約169億米ドル）（2017年、ラオス中央銀行）
経済成長率：6.89%（2017年、ラオス中央銀行）

■商標権取得

保護対象	商品商標、サービスマーク 証明商標、団体商標
商標の種類	文字、図形、記号、立体的形状、単色の色彩、色彩の組み合わせ
マドプロ加盟	2016年3月7日
分類	ニース国際分類 類見出しの使用：否 小売役務：可
多区分の可否	可
必要書類	委任状（認証要）
相対的登録要件	審査有り
ディスクレーム	有り
コンセント	有り
早期審査	無し
情報提供	有り
拒絶への応答	発行日から60日、延長無し

公開データベース	無し
異議申立期間	出願公告日から60日間
出願から登録まで	約12-15ヶ月
存続期間	出願日から10年
更新期間	存続期間満了日前６ヶ月以内 グレースピリオド：満了後６ヶ月以内
不使用取消	有り（継続して５年）
不使用以外の取消	有り（行政）

■権利行使

民事救済	差止命令、損害賠償
行政救済	水際措置
刑事救済	罰金、禁固

■商標出願の動向

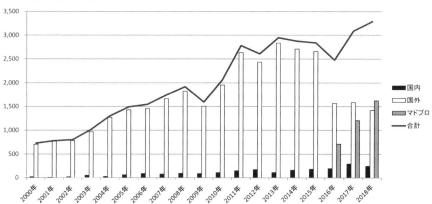

第2編

中　　東

アフガニスタン・イスラム共和国
(Islamic Republic of Afghanistan)

首　　都：カブール
面　　積：652,225km²
人　　口：2,916万人（2016-17年、アフガニスタン中央統計局）
言　　語：公用語であるダリー語、パシュトゥー語の他、ハザラ語、
　　　　　タジク語等
通　　貨：アフガニー
Ｇ　Ｄ　Ｐ：203億米ドル（2016-17年、アフガニスタン中央統計局）
経済成長率：3.6%（2016-17年、アフガニスタン中央統計局）

■商標権取得

保護対象	商品商標、サービスマーク
商標の種類	文字、図形、記号、立体的形状、単色の色彩、色彩の組み合わせ、ホログラム
マドプロ加盟	2018年6月26日
分類	ニース国際分類 類見出しの使用：可 小売役務：可
多区分の可否	否
必要書類	委任状（認証要）
相対的登録要件	審査有り
ディスクレーム	有り
コンセント	無し
早期審査	無し
情報提供	無し

拒絶への応答	発行日から30日、延長無し
公開データベース	無し
異議申立期間	出願公告日から30日間
出願から登録まで	約12ヶ月
存続期間	出願日から10年
更新期間	存続期間満了日前6ヶ月以内 グレースピリオド：無し
不使用取消	有り（継続して3年）
不使用以外の取消	有り（行政）

■権利行使

民事救済	損害賠償
行政救済	水際措置、摘発
刑事救済	罰金、禁固

■商標出願の動向

※グラフは WIPO による統計数値の資料がない為、省略。
マドプロ出願は、2018年309件。

中東

アラブ首長国連邦 (United Arab Emirates)

首　　都：アブダビ
面　　積：83,600km²
人　　口：約963万人（2018年、世界銀行）
言　　語：アラビア語
通　　貨：ディルハム
Ｇ　Ｄ　Ｐ：4,142億米ドル（2018年、世界銀行）
経済成長率：3.7%（2019年、IMF 推計）

■商標権取得

保護対象	商品商標、サービスマーク シリーズ商標、証明商標、その他
商標の種類	文字、図形、記号、立体的形状、単色の色彩、色彩の 組み合わせ、音、その他
マドプロ加盟	未
分類	ニース国際分類 類見出しの使用：可 小売役務：可
多区分の可否	否
必要書類	委任状（認証要）
相対的登録要件	審査有り
ディスクレーム	有り
コンセント	有り
早期審査	無し
情報提供	無し
拒絶への応答	発行日から30日、延長無し

公開データベース	無し
異議申立期間	出願公告日から30日間
出願から登録まで	約4-6ヶ月
存続期間	出願日から10年
更新期間	存続期間満了日前12ヶ月以内 グレースピリオド：満了後3ヶ月以内
不使用取消	有り（継続して5年）
不使用以外の取消	有り（行政・司法）

■権利行使

民事救済	差止命令、損害賠償
行政救済	水際措置、摘発
刑事救済	罰金、禁固

■商標出願の動向

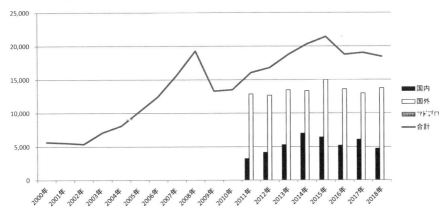

■権利化までの流れ

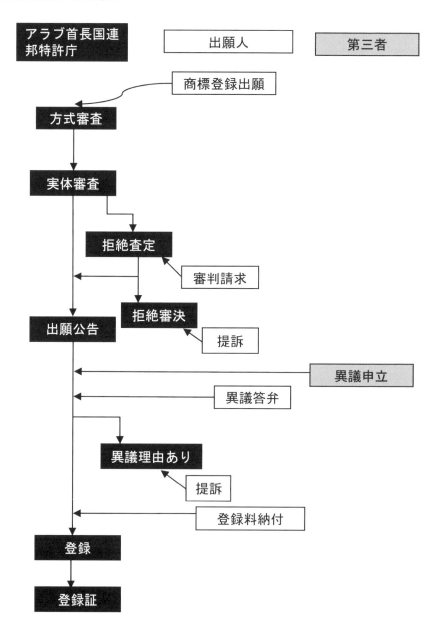

アラブ首長国連邦特許庁

出願人

第三者

商標登録出願

方式審査

実体審査

拒絶査定

審判請求

出願公告

拒絶審決

提訴

異議申立

異議答弁

異議理由あり

提訴

登録料納付

登録

登録証

■アラブ首長国連邦　トピックス

"模倣品対策について"

アラブ首長国連邦（UAE）は、アブダビ（首都）、ドバイ（商業および経済中心地）、シャルジャ、ラス・アル・ハイマ、アジュマン、ウンム・アル・カイワイン、フジャイラという7つの首長国からなる連邦制国家です。UAE は、ヨーロッパとアジアの中間という恵まれた地理的条件と整備された物流環境により、物流・商流のハブ的な存在となっています。

各首長国は、連邦政府によって統治されており、例えば、商標権は連邦経済省により付与され、全首長国にわたる保護を受けることができます。しかし、権利行使については、各首長国は独自の行政措置、刑事訴訟、民事訴訟を管轄する機関を有しており、他の首長国の関連当局からは独立して機能しているため、各首長国で模倣品対策を行う必要があります。

7つの首長国の中で最も経済的に発展しているのがドバイであり、その経済的な繁栄ゆえに、知的財産権の侵害問題が多い地域でもあります。ドバイにおける模倣品対策のひとつとしては、「ドバイ税関での水際対策」があります。ドバイ税関で商標記録をすることにより、税関で侵害する商品貨物の監視を行うことができますが、膨大な貨物量であるため、完全に取り締まるのは難しいというのが現状のようです。そのため、税関職員に自社ブランドや商品について理解してもらい、模倣品を注意深く監視してもらうよう仕向ける努力が必要と言われています。

中東

イスラエル国 (State of Israel)

首　　都：エルサレム（※日本を含め国際社会の大多数には認められていない。）
面　　積：2.2万km²
人　　口：約888万人（2018年6月、イスラエル中央統計局）
言　　語：ヘブライ語、アラビア語
通　　貨：新シェケル
Ｇ　Ｄ　Ｐ：3,506億米ドル（2017年）
経済成長率：3.3%（2017年）

■商標権取得

保護対象	商品商標、サービスマーク 証明商標、団体商標
商標の種類	文字、図形、記号、立体的形状、単色の色彩、色彩の組み合わせ、音
マドプロ加盟	2010年9月1日
分類	ニース国際分類 類見出しの使用：可（一部の分類のみ） 小売役務：可
多区分の可否	可
必要書類	委任状
相対的登録要件	審査有り
ディスクレーム	有り（ほとんど認められない）
コンセント	有り
早期審査	有り
情報提供	有り

拒絶への応答	発行日から3ヶ月、2ヶ月ごと4回の延長可
公開データベース	有り http://www.trademarks.justice.gov.il/ TradeMarksWebSiteUI/TrademarksSearch/ TrademarksSearch.aspx
異議申立期間	出願公告日から3ヶ月間
出願から登録まで	約13–15ヶ月
存続期間	出願日から10年
更新期間	存続期間満了日前3ヶ月以内 グレースピリオド:満了後6ヶ月以内
不使用取消	有り(継続して3年)
不使用以外の取消	有り(行政・司法)

■権利行使

民事救済	差止命令、損害賠償、その他
行政救済	水際措置
刑事救済	罰金、禁固

■商標出願の動向

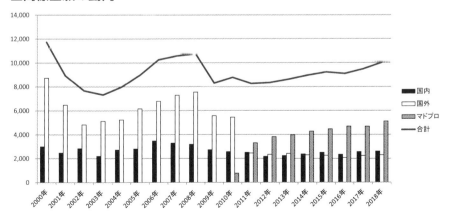

イラン・イスラム共和国 (Islamic Republic of Iran)

首　　都：テヘラン
面　　積：1,648,195km²
人　　口：8,000万人（2016年、世界人口白書2016）
言　　語：ペルシャ語、トルコ語、クルド語等
通　　貨：イラン・リヤル
Ｇ　Ｄ　Ｐ：4,319億米ドル（2017年、IMF 推計）
経済成長率：6.54%（2016年、IMF 推計）

■商標権取得

保護対象	商品商標、サービスマーク シリーズ商標、団体商標
商標の種類	文字、図形、記号、立体的形状、単色の色彩、色彩の組み合せ、ホログラム
マドプロ加盟	2001年5月12日
分類	ニース国際分類および現地分類 類見出しの使用：否 小売役務：可
多区分の可否	可
必要書類	委任状（認証要） 登記簿謄本または公証人の認証を受けた登記簿謄本の写し
相対的登録要件	審査有り
ディスクレーム	無し
コンセント	無し
早期審査	無し

情報提供	無し
拒絶への応答	発行日から60日、1回のみ1ヶ月または60日の延長可
公開データベース	無し
異議申立期間	出願公告日から30日間
出願から登録まで	約6-8ヶ月
存続期間	出願日から10年
更新期間	存続期間満了日前12ヶ月以内 グレースピリオド：満了後6ヶ月以内
不使用取消	有り（継続して3年）
不使用以外の取消	有り（司法）

■権利行使

民事救済	差止命令、損害賠償
行政救済	水際措置、摘発
刑事救済	罰金、禁固、その他

■商標出願の動向

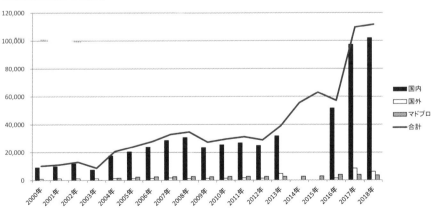

オマーン国 (Sultanate of Oman)

首　　都：マスカット
面　　積：30万9,500km²
人　　口：464万人（2020年4月、オマーン国立情報・統計センター）
言　　語：アラビア語（公用語）、英語も広く通用する
通　　貨：オマーン・リアル
Ｇ　Ｄ　Ｐ：793億米ドル（2019年、IMF 統計（2018年データ））
経済成長率：1.8%（2019年、IMF 統計（2018年データ））

■商標権取得

保護対象	商品商標、サービスマーク シリーズ商標、証明商標、団体商標、その他
商標の種類	文字、図形、記号、立体的形状、単色の色彩、色彩の組み合わせ、音、ホログラム
マドプロ加盟	2007年10月16日
分類	ニース国際分類 類見出しの使用：可 小売役務：可
多区分の可否	否
必要書類	委任状（認証要） 登記簿謄本の写し
相対的登録要件	審査有り
ディスクレーム	有り
コンセント	有り
早期審査	無し
情報提供	無し

拒絶への応答	受理日から60日、延長不可
公開データベース	無し
異議申立期間	出願公告日から60日間
出願から登録まで	約6-8ヶ月
存続期間	出願日から10年
更新期間	存続期間満了日前12ヶ月以内 グレースピリオド：満了後6ヶ月以内
不使用取消	有り（継続して5年）
不使用以外の取消	有り（司法）

■権利行使

民事救済	差止命令、損害賠償、その他
行政救済	水際措置
刑事救済	罰金、禁固

■商標出願の動向

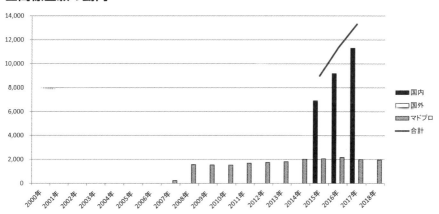

中東

カタール国 (State of Qatar)

首　　都：ドーハ
面　　積：11,427km²
人　　口：約271万人（2018年4月、カタール開発計画・統計省）
言　　語：アラビア語
通　　貨：カタール・リヤル
Ｇ　Ｄ　Ｐ：約1,669億米ドル（2017年、IMF 推計）
経済成長率：1.6%（2017年、IMF 推計）

■商標権取得

保護対象	商品商標、サービスマーク、連合商標 シリーズ商標、証明商標、団体商標、防護商標
商標の種類	文字、図形、記号、立体的形状、単色の色彩、色彩の組み合わせ、音、動き、ホログラム、位置、香り
マドプロ加盟	未
分類	ニース国際分類 類見出しの使用：可 小売役務：可
多区分の可否	否
必要書類	委任状（認証要） 登記簿謄本
相対的登録要件	審査有り
ディスクレーム	有り
コンセント	有り
早期審査	無し
情報提供	有り

拒絶への応答	受領日から6ヶ月、延長なし
公開データベース	無し
異議申立期間	出願公告日から4ヶ月間
出願から登録まで	約12ヶ月
存続期間	出願日から10年
更新期間	存続期間満了日前12ヶ月以内 グレースピリオド：満了後6ヶ月以内
不使用取消	有り（継続して5年）（司法）
不使用以外の取消	有り（司法）

■権利行使

民事救済	差止命令、損害賠償
行政救済	水際措置、摘発
刑事救済	罰金、禁固

■商標出願の動向

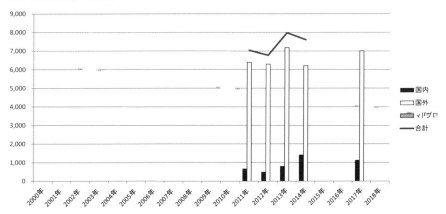

クウェート国 (State of Kuwait)

首　　都：クウェート
面　　積：17,818km²
人　　口：475万人（2019年、クウェート市民調査局）
言　　語：アラビア語
通　　貨：クウェート・ディナール
Ｇ　Ｄ　Ｐ：約1,201億米ドル（2017年、世界銀行）
経済成長率：約2.3%（2018年、IMF 推計）

■商標権取得

保護対象	商品商標、サービスマーク シリーズ商標、証明商標、団体商標
商標の種類	文字、図形、記号、立体的形状、単色の色彩、色彩の組み合わせ
マドプロ加盟	未
分類	ニース国際分類 類見出しの使用：可 小売役務：可
多区分の可否	否
必要書類	委任状（認証要）
相対的登録要件	審査有り
ディスクレーム	有り
コンセント	無し
早期審査	無し
情報提供	無し

拒絶への応答	郵送日から60日、延長なし
公開データベース	無し
異議申立期間	出願公告日から60日間
出願から登録まで	約10-12ヶ月
存続期間	出願日から10年
更新期間	存続期間満了日前12ヶ月以内 グレースピリオド：満了後6ヶ月以内
不使用取消	有り（継続して5年）
不使用以外の取消	有り（司法）

中東

■権利行使

民事救済	差止命令、損害賠償
行政救済	水際措置、摘発
刑事救済	罰金

■商標出願の動向

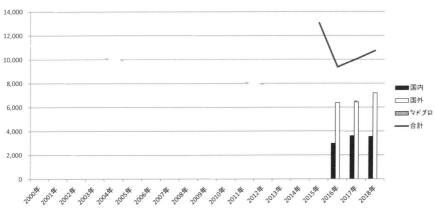

サウジアラビア王国 (Kingdom of Saudi Arabia)

首　　　都：リヤド
面　　　積：215万km²
人　　　口：3,370万人（2018年、世界銀行）
言　　　語：アラビア語（公用語）
通　　　貨：サウジアラビア・リヤル
G　D　P：約7,793億米ドル（2019年、IMF）
経済成長率：0.2%（2019年、IMF）

■商標権取得

保護対象	商品商標、サービスマーク シリーズ商標、団体商標
商標の種類	文字、図形、記号、色彩の組み合わせ
マドプロ加盟	未
分類	ニース国際分類 類見出しの使用：可 小売役務：否
多区分の可否	否
必要書類	委任状（認証要）
相対的登録要件	審査有り
ディスクレーム	無し
コンセント	無し
早期審査	無し
情報提供	無し
拒絶への応答	発行日から60日、延長無し

公開データベース	無し
異議申立期間	出願公告日から60日間
出願から登録まで	約4-6ヶ月
存続期間	出願日から10年（イスラム暦）
更新期間	存続期間満了日前12ヶ月以内（イスラム暦） グレースピリオド：満了後6ヶ月以内（イスラム暦）
不使用取消	有り（継続して5年）（司法）
不使用以外の取消	有り（司法）

■権利行使

民事救済	侵害品の押収・破壊、その他
行政救済	摘発
刑事救済	罰金、その他

■商標出願の動向

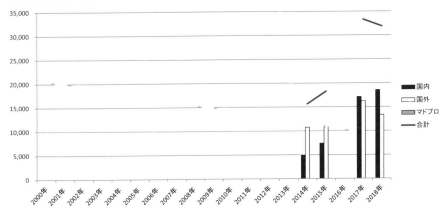

中東

トルコ共和国 (Republic of Turkey)

首　　都：アンカラ
面　　積：780,576km²
人　　口：82,003,822人（2018年、トルコ国家統計庁）
言　　語：トルコ語（公用語）
通　　貨：トルコ・リラ
Ｇ　Ｄ　Ｐ：7,841億米ドル（2018年、トルコ国家統計庁）
経済成長率：2.6%（2018年、トルコ国家統計庁）

■商標権取得

保護対象	商品商標、サービスマーク 証明商標、団体商標
商標の種類	文字、図形、記号、立体的形状、単色の色彩、色彩の組み合わせ、音
マドプロ加盟	1999年1月1日
分類	ニース国際分類 類見出しの使用：可 小売役務：可
多区分の可否	可
必要書類	無し
相対的登録要件	審査有り
ディスクレーム	無し
コンセント	有り
早期審査	無し
情報提供	有り

拒絶への応答	受領日から2ヶ月、延長無し
公開データベース	有り http://online.tpe.gov.tr/trademark-search/pub/ trademark_search;jsessionid=09E7DB29C07E3994306 D75A02D8067CA？Lang=en
異議申立期間	出願公告日から2ヶ月間
出願から登録まで	約12ヶ月
存続期間	出願日から10年
更新期間	存続期間満了日前6ヶ月以内 グレースピリオド：満了後6ヶ月以内
不使用取消	有り（継続して5年）（司法）
不使用以外の取消	有り（司法）

中東

■権利行使

民事救済	差止命令、損害賠償
行政救済	水際措置、摘発
刑事救済	罰金、禁固、その他

■商標出願の動向

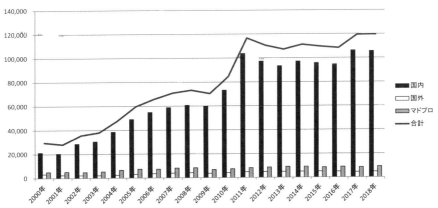

101

バーレーン王国 (Kingdom of Bahrain)

首　　都：マナーマ市
面　　積：769.8km²（2012年、バーレーン中央情報局）
人　　口：150.3万人（2018年、Information & eGovernment Authority）
言　　語：アラビア語
通　　貨：バーレーン・ディナール
Ｇ　Ｄ　Ｐ：383億米ドル（2018年、IMF 推計）
経済成長率：1.8%（2018年、IMF 推計）

■商標権取得

保護対象	商品商標、サービスマーク 証明商標、団体商標
商標の種類	文字、図形、記号、立体的形状、単色の色彩、色彩の組み合わせ、音、ホログラム、香り
マドプロ加盟	2005年12月15日
分類	ニース国際分類 類見出しの使用：可 小売役務：可
多区分の可否	否
必要書類	委任状（認証要） 登記簿謄本
相対的登録要件	審査有り
ディスクレーム	有り
コンセント	有り
早期審査	無し

情報提供	無し
拒絶への応答	受領日から90日、延長不可
公開データベース	無し
異議申立期間	出願公告日から60日間
出願から登録まで	約5-7ヶ月
存続期間	出願日から10年
更新期間	存続期間満了日前12ヶ月以内 グレースピリオド：満了後6ヶ月以内
不使用取消	有り（継続して5年）（司法）
不使用以外の取消	有り（司法）

中東

■権利行使

民事救済	差止命令、損害賠償
行政救済	水際措置、摘発
刑事救済	罰金、禁固

■商標出願の動向

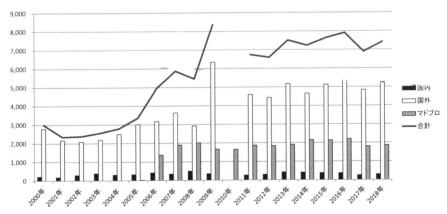

ヨルダン・ハシェミット王国
(Hashemite Kingdom of Jordan)

首　　都：アンマン
面　　積：8.9万 km²
人　　口：995.6万人（2018年、世界銀行）
言　　語：アラビア語（英語も通用）
通　　貨：ヨルダン・ディナール
Ｇ　Ｄ　Ｐ：422.91億米ドル（2018年、世界銀行）
経済成長率：1.9%（2018年、世界銀行）

■商標権取得

保護対象	商品商標、サービスマーク 証明商標、団体商標、防護商標
商標の種類	文字、図形、記号、単色の色彩、色彩、組み合わせ
マドプロ加盟	未
分類	ニース国際分類 類見出しの使用：否 小売役務：可
多区分の可否	否
必要書類	委任状（認証要）
相対的登録要件	審査有り
ディスクレーム	無し
コンセント	有り
早期審査	無し
情報提供	無し
拒絶への応答	受領日から1ヶ月、3ヶ月2回の延長可
公開データベース	無し

異議申立期間	出願公告日から3ヶ月間
出願から登録まで	約12-13ヶ月
存続期間	出願日から10年
更新期間	存続期間満了日前1-2ヶ月以内 グレースピリオド：満了後12ヶ月以内
不使用取消	有り（継続して3年）
不使用以外の取消	有り（行政）

■権利行使

民事救済	差止命令、損害賠償、その他
行政救済	水際措置、摘発
刑事救済	罰金、禁固、その他

■商標出願の動向

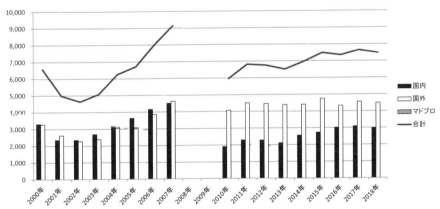

凡例：■国内　□国外　▨マドプロ　―合計

第３編

ヨーロッパ

アイスランド共和国 (Republic of Iceland)

首　　都：レイキャビク
面　　積：10.3万 km²
人　　口：348,580人（2017年12月、アイスランド統計局）
言　　語：アイスランド語
通　　貨：アイスランドクローナ
Ｇ　Ｄ　Ｐ：229.7億米ドル（2017年推定値、IMF）
経済成長率：5.7%（2017年推定値、IMF）

■商標権取得

保護対象	商品商標、サービスマーク 証明商標、団体商標
商標の種類	文字、図形、記号、立体的形状、単色の色彩、色彩の組み合わせ、音、動き、ホログラム、位置、香り、味覚
マドプロ加盟	1997年4月15日
分類	ニース国際分類 類見出しの使用：可 小売役務：可
多区分の可否	可
必要書類	委任状
相対的登録要件	審査有り
ディスクレーム	有り
コンセント	有り
早期審査	無し
情報提供	有り
拒絶への応答	発行日から2ヶ月、3ヶ月1回の延長可

公開データベース	有り https://www.hugverk.is/vorumerkjaleitarvel
異議申立期間	登録公告日から2ヶ月間
出願から登録まで	約2-4ヶ月
存続期間	登録日から10年
更新期間	存続期間満了日前6ヶ月以内 グレースピリオド：満了後6ヶ月以内
不使用取消	有り（継続して5年）
不使用以外の取消	有り（行政）

■権利行使

民事救済	差止命令、損害賠償
行政救済	水際措置、摘発
刑事救済	罰金、禁固

ヨーロッパ

■商標出願の動向

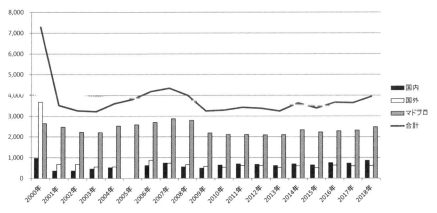

アイルランド (Ireland)

首　　都：ダブリン
面　　積：7万300km²
人　　口：約492万人（2019年、アイルランド中央統計局推計）
言　　語：アイルランド語（ゲール語）及び英語
通　　貨：ユーロ
Ｇ　Ｄ　Ｐ：3,727億米ドル（2018年、IMF 推計）
経済成長率：7.2%（2015年、IMF）

■商標権取得

保護対象	商品商標、サービスマーク シリーズ商標、証明商標、団体商標
商標の種類	文字、図形、記号、立体的形状、単色の色彩、色彩の組み合わせ、音、動き、ホログラム、位置
マドプロ加盟	2001年10月19日
分類	ニース国際分類 類見出しの使用：可 小売役務：可
多区分の可否	可
必要書類	宣誓書
相対的登録要件	審査有り
ディスクレーム	有り
コンセント	有り
早期審査	無し
情報提供	有り
拒絶への応答	発行日から３ヶ月、３ヶ月の延長可（特別な理由に基づく更なる延長の期間は、審査官の裁量による）

公開データベース	有り https://www.patentsoffice.ie/en/Trade-Marks/Trade-Mark-Searching/
異議申立期間	出願公告日から３ヶ月間
出願から登録まで	約７ヶ月
存続期間	出願日から10年
更新期間	存続期間満了日前６ヶ月以内 グレースピリオド：満了後６カ月以内
不使用取消	有り（継続して５年）
不使用以外の取消	有り（行政・司法）

■権利行使

民事救済	差止命令、損害賠償、その他
行政救済	水際措置、摘発
刑事救済	罰金、禁固

ヨーロッパ

■商標出願の動向

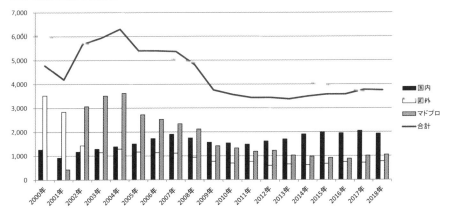

凡例：国内、国外、マドプロ、合計

イタリア共和国 (Italian Republic)

首　　都：ローマ
面　　積：30.1万 km²
人　　口：60.6百万人（2018年１月推計値）
言　　語：イタリア語（地域により独、仏語等少数言語あり）
通　　貨：ユーロ
Ｇ　Ｄ　Ｐ：19,379億米ドル（2017年、IMF 推計値）
経済成長率：1.5%（2017年、IMF 推計値）

■商標権取得

保護対象	商品商標、サービスマーク 証明商標、団体商標
商標の種類	文字、図形、記号、立体的形状、単色の色彩、色彩の組み合わせ、音、動き、ホログラム、位置
マドプロ加盟	2000年４月17日
分類	ニース国際分類 類見出しの使用：否 小売役務：可
多区分の可否	可
必要書類	委任状
相対的登録要件	審査無し
ディスクレーム	無し
コンセント	無し
早期審査	無し（裁判の場合は例外）
情報提供	有り
拒絶への応答	受領日から２ヶ月、２-６ヶ月の延長可

公開データベース	有り
	http://www3.wipo.int/branddb/en/
異議申立期間	出願公告日から3ヶ月間
出願から登録まで	約10-15ヶ月
存続期間	出願日から10年
更新期間	存続期間満了日前12ヶ月以内
	グレースピリオド：満了後6ヶ月以内
不使用取消	有り（継続して5年）
不使用以外の取消	有り（司法）

■権利行使

民事救済	差止命令、損害賠償、その他
行政救済	水際措置、摘発、その他
刑事救済	罰金、禁固

■商標出願の動向

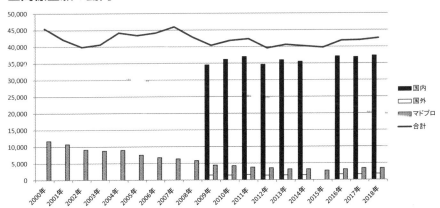

ウクライナ (Ukraine)

首　　都：キエフ
面　　積：60万3,700km²
人　　口：4,205万人（クリミアを除く）（2019年、ウクライナ国
　　　　　家統計局）
言　　語：ウクライナ語（国家語）、その他ロシア語等
通　　貨：フリヴニャ
Ｇ　Ｄ　Ｐ：1,308億米ドル（2018年、世界銀行）
経済成長率：3.6％（2019年予測値、世界銀行）

■商標権取得

保護対象	商品商標、サービスマーク 団体商標
商標の種類	文字、図形、記号、立体的形状、単色の色彩、色彩の組み合わせ、音
マドプロ加盟	2000年12月29日
分類	ニース国際分類 類見出しの使用：可 小売役務：可
多区分の可否	可
必要書類	委任状
相対的登録要件	審査有り
ディスクレーム	有り
コンセント	有り
早期審査	有り
情報提供	有り
拒絶への応答	受領日から2ヶ月、6ヶ月の延長可

公開データベース	有り https://sis.ukrpatent.org/en/search/simple/ https://ukrpatent.org/uk/articles/bases2
異議申立期間	出願公告日より３ヶ月間
出願から登録まで	約20-24ヶ月
存続期間	出願日から10年
更新期間	存続期間満了日前６ヶ月以内 グレースピリオド：満了後６ヶ月以内
不使用取消	有り（継続して５年）
不使用以外の取消	有り（司法）

ヨーロッパ

■権利行使

民事救済	差止命令、損害賠償
行政救済	水際措置、その他
刑事救済	罰金

■商標出願の動向

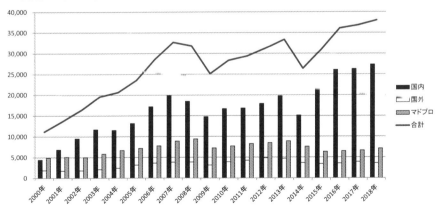

ウズベキスタン共和国 (Republic of Uzbekistan)

首　　都：タシケント
面　　積：44万7,400km²
人　　口：3,280万人（2019年、国連人口基金）
言　　語：公用語はウズベク語（テュルク諸語に属する。但し、タ
　　　　　シケント、サマルカンド、ブハラ等主として都市の諸方
　　　　　言はペルシア語の影響を強く受けている）。またロシア
　　　　　語も広く使用されている。
通　　貨：スム
Ｇ　Ｄ　Ｐ：504.9億米ドル（2018年、IMF）
経済成長率：5.1％（2018年、IMF）

■商標権取得

保護対象	商品商標、サービスマーク 団体商標
商標の種類	文字、図形、記号、立体的形状、単色の色彩、色彩の 組み合わせ、音
マドプロ加盟	2006年12月27日
分類	ニース国際分類 類見出しの使用：可 小売役務：可
多区分の可否	可
必要書類	委任状
相対的登録要件	審査有り
ディスクレーム	有り
コンセント	有り

早期審査	無し
情報提供	有り
拒絶への応答	郵送日から３ヶ月、６ヶ月１回の延長可
公開データベース	有り http://baza.ima.uz/?lang=en#marks-grid
異議申立期間	異議申立制度無し
出願から登録まで	約15-18ヶ月
存続期間	出願日から10年
更新期間	存続期間満了日前12ヶ月以内 グレースピリオド：満了後６ヶ月以内
不使用取消	有り（継続して５年）（司法）
不使用以外の取消	有り（行政・司法）

ヨーロッパ

■権利行使

民事救済	差止命令、損害賠償
行政救済	水際措置、その他
刑事救済	無し

■商標出願の動向

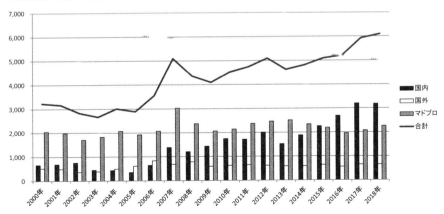

英国 （グレートブリテン及び北アイルランド連合王国）
(United Kingdom of Great Britain and Northern Ireland)

首　　都：ロンドン
面　　積：24.3万km²
人　　口：6,644万人（2018年）
言　　語：英語（ウェールズ語、ゲール語等使用地域あり）
通　　貨：スターリング・ポンド
Ｇ　Ｄ　Ｐ：2,118兆ポンド（2018年：英国統計局）
経済成長率：1.4%（2018年：英国統計局）

■商標権取得

保護対象	商品商標、サービスマーク シリーズ商標、証明商標、団体商標
商標の種類	文字、図形、記号、立体的形状、単色の色彩、色彩の組み合わせ、音、動き、ホログラム、位置、香り
マドプロ加盟	1995年12月1日
分類	ニース国際分類 類見出しの使用：可 小売役務：可
多区分の可否	可
必要書類	無し
相対的登録要件	審査無し
ディスクレーム	有り
コンセント	無し
早期審査	無し
情報提供	有り
拒絶への応答	受領日から2ヶ月、2ヶ月延長可

公開データベース	有り https://www.gov.uk/search-for-trademark
異議申立期間	出願公告日から２ヶ月間
出願から登録まで	約６ヶ月
存続期間	出願日から10年
更新期間	存続期間満了日前６ヶ月以内 グレースピリオド：満了後６ヶ月以内
不使用取消	有り（継続して５年）
不使用以外の取消	有り（行政）

■権利行使

民事救済	差止命令、損害賠償
行政救済	水際措置
刑事救済	罰金、禁固

ヨーロッパ

■商標出願の動向

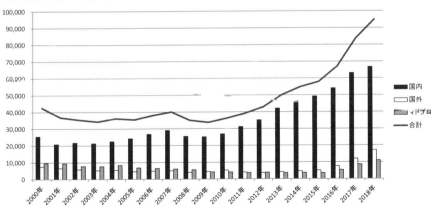

■権利化までの流れ

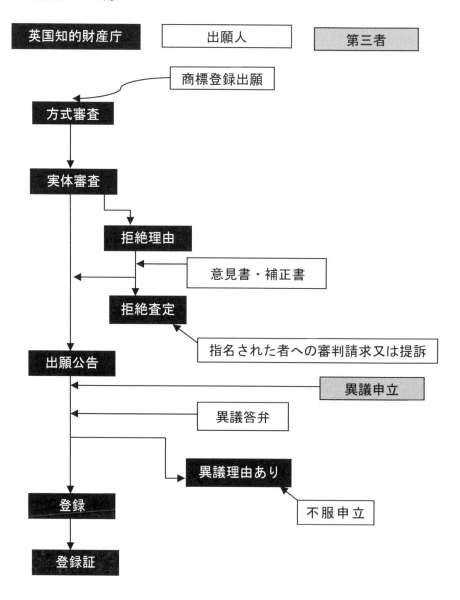

英国知的財産庁　　　出願人　　　第三者

商標登録出願

方式審査

実体審査

拒絶理由

意見書・補正書

拒絶査定

指名された者への審判請求又は提訴

出願公告

異議申立

異議答弁

異議理由あり

不服申立

登録

登録証

■英国　トピックス

"Brexit が与える影響について（商標）"

　EU 離脱を決定した2016年 6 月23日の国民投票より、約 3 年半の歳月を経て、2020年 1 月31日23時（グリニッジ標準時）にイギリスは EU を正式に離脱しました。移行期間は2020年12月31日23時（グリニッジ標準時）までとされています。

　既に登録済みの EUTM および EU を指定国とする国際登録については、移行期間経過と共にイギリスの登録簿に自動的にクローンが作成されます。EU を指定国とする国際登録の場合であっても、クローンとして作成される商標登録はイギリスの国内登録となります。そのため、マドプロでの一元管理をご希望の場合には、別途イギリスを事後指定する必要があります。事後指定をする場合、出願日は事後指定の日となり、既存の商標登録の出願日まで遡ることはできません。

　さらに、クローンされた商標登録の権利を放棄したい場合には、2021年 1 月 1 日以降に、英国知的財産庁（UKIPO）に対してオプトアウト（適用除外）の申請をする必要があります。オプトアウトの申請は事前にすることはできず、移行期間満了前に提出された申請は無効とみなされます。

　一方、審査に係属中の EUTM および EU を指定国とする国際登録については、移行期間満了後 9 ヶ月以内（2021年 9 月30日まで）に再出願の手続きが必要です。出願商標および指定商品役務が、元の EUTM 出願と同一でない場合には、出願日や優先日が維持されないため、注意が必要です。

　さらに、移行期間満了時において係属中の異議申立や無効審判が、イギリス国内の権利のみに基づいている場合には、移行期間満了後に EUIPO により手続きが却下されます。

　移行期間満了前までに、権利化状況について整理をすることをお勧めします。

オーストリア共和国 (Republic of Austria)

首　　都：ウィーン
面　　積：約8.4万 km²
人　　口：約880万人
言　　語：ドイツ語
通　　貨：ユーロ
Ｇ　Ｄ　Ｐ：3,860億ユーロ（2018年、オーストリア統計局）
経済成長率：2.7％（2018年、オーストリア統計局）

■商標権取得

保護対象	商品商標、サービスマーク 証明商標、団体商標
商標の種類	文字、図形、記号、立体的形状、単色の色彩、色彩の組み合わせ、音、動き、ホログラム、位置、香り
マドプロ加盟	1999年４月13日
分類	ニース国際分類 類見出しの使用：可 小売役務：可
多区分の可否	可
必要書類	委任状
相対的登録要件	審査無し
ディスクレーム	無し
コンセント	無し
早期審査	有り
情報提供	無し

拒絶への応答	受領日から1-2ヶ月、2ヶ月の延長可(複数回の延長可能)
公開データベース	有り http://see-ip.patentamt.at/
異議申立期間	登録公告日から3ヶ月間
出願から登録まで	約4ヶ月
存続期間	出願日から10年
更新期間	存続期間満了日前12ヶ月以内 グレースピリオド:満了後6ヶ月以内
不使用取消	有り(継続して5年)
不使用以外の取消	有り(行政)

ヨーロッパ

■権利行使

民事救済	差止命令、損害賠償
行政救済	水際措置、摘発
刑事救済	罰金、禁固

■商標出願の動向

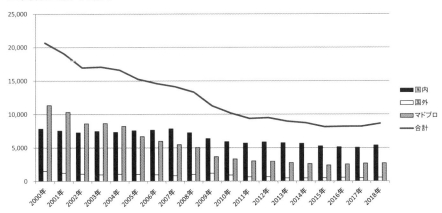

カザフスタン共和国 (Republic of Kazakhstan)

首　　都：ヌルスルタン（Nur-Sultan：旧アスタナ）
面　　積：272万4900km²
人　　口：1,860万人（2019年、国連人口基金）
言　　語：カザフ語が国語。（ロシア語は公用語）
通　　貨：テンゲ
Ｇ　Ｄ　Ｐ：約1,705億米ドル（2018年、IMF 推計値）
経済成長率：4.1%（2018年、IMF 推計値）

■商標権取得

保護対象	商品商標、サービスマーク 団体商標、防護商標
商標の種類	文字、図形、立体的形状、音、動き、ホログラム、位置
マドプロ加盟	2010年12月8日
分類	ニース国際分類 類見出しの使用：可 小売役務：可
多区分の可否	可
必要書類	委任状（社印の捺印がない場合は認証要）
相対的登録要件	審査有り
ディスクレーム	有り
コンセント	有り
早期審査	無し
情報提供	有り
拒絶への応答	発行日から3ヶ月、1ヶ月毎6回または6ヶ月1回の延長可

公開データベース	有り https://gosreestr.kazpatent.kz
異議申立期間	異議申立制度無し
出願から登録まで	約10ヶ月
存続期間	出願日から10年
更新期間	存続期間満了日前12ヶ月以内 グレースピリオド：満了後6ヶ月以内
不使用取消	有り（継続して3年）
不使用以外の取消	有り（行政・司法）

■権利行使

民事救済	差止命令、損害賠償
行政救済	水際措置
刑事救済	罰金

ヨーロッパ

■商標出願の動向

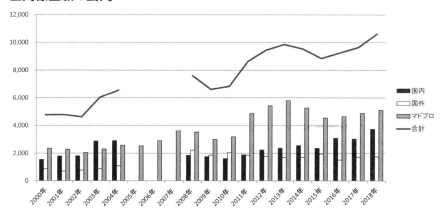

ギリシャ共和国 (Hellenic Republic)

首　　都：アテネ
面　　積：131,957km²
人　　口：約1,074万人（2018年、IMF）
言　　語：現代ギリシャ語
通　　貨：ユーロ
Ｇ　Ｄ　Ｐ：1,908億ユーロ（2018年、IMF）
経済成長率：1.9%（2018年、IMF）

■商標権取得

保護対象	商品商標、サービスマーク 証明商標、団体商標
商標の種類	文字、図形、記号、立体的形状、単色の色彩、色彩の組み合わせ、音、動き、ホログラム、位置
マドプロ加盟	2000年8月10日
分類	ニース国際分類 類見出しの使用：可 小売役務：否
多区分の可否	可
必要書類	委任状
相対的登録要件	審査無し
ディスクレーム	有り
コンセント	有り
早期審査	無し
情報提供	無し
拒絶への応答	受領日から30日、延長なし

公開データベース	有り（TM VIEW による） https://www.tmdn.org
異議申立期間	出願公告日から３ヶ月間
出願から登録まで	約９ヶ月
存続期間	出願日から10年
更新期間	存続期間満了日前６ヶ月以内 グレースピリオド：満了後６ヶ月
不使用取消	有り（継続して５年）
不使用以外の取消	有り（行政）

■権利行使

民事救済	差止命令、損害賠償、その他
行政救済	水際措置、摘発
刑事救済	罰金、禁固

ヨーロッパ

■商標出願の動向

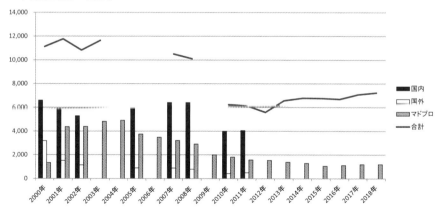

127

クロアチア共和国 (Republic of Croatia)

首　　都：ザグレブ
面　　積：5万6,594km²
人　　口：409.6万人（2018年、クロアチア政府統計局）
言　　語：公用語はクロアチア語
通　　貨：クーナ
G　D　P：608億米ドル（2018年、世界銀行）
経済成長率：2.6%（2018年、世界銀行）

■商標権取得

保護対象	商品商標、サービスマーク 証明商標、団体商標
商標の種類	文字、図形、記号、立体的形状、単色の色彩、色彩の 組み合わせ、音、動き、ホログラム、位置
マドプロ加盟	2004年1月23日
分類	ニース国際分類 類見出しの使用：可 小売役務：可
多区分の可否	可
必要書類	委任状
相対的登録要件	審査無し
ディスクレーム	無し
コンセント	無し
早期審査	無し
情報提供	有り

拒絶への応答	受領日から２ヶ月又は60日、30日の延長可（ただし、委任状提出に関するOAについては延長不可）
公開データベース	有り http://dziv.hr/en/e-services/on-line-database-search/trademarks/
異議申立期間	出願公告日から３ヶ月間
出願から登録まで	約８ヶ月
存続期間	出願日から10年
更新期間	存続期間満了日前12ヶ月以内 グレースピリオド：満了後６ヶ月以内
不使用取消	有り（継続して５年）
不使用以外の取消	有り（行政）

■権利行使

民事救済	差止命令、損害賠償
行政救済	水際措置、摘発
刑事救済	罰金、禁固

ヨーロッパ

■商標出願の動向

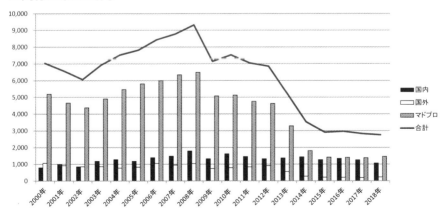

凡例：
- 国内
- 国外
- マドプロ
- 合計

スイス連邦 (Swiss Confederation)

首　　都：ベルン
面　　積：4.1万 km²
人　　口：854万人（2018年、スイス連邦統計庁）
言　　語：独語（62.6%）、仏語（22.9%）、伊語（8.2%）、ロマン
　　　　　シュ語（0.5%）
通　　貨：スイスフラン
Ｇ　Ｄ　Ｐ：6,831億スイスフラン（2019年、スイス経済庁）
経済成長率：2.5%（2018年、スイス経済庁）

■商標権取得

保護対象	商品商標、サービスマーク 証明商標、団体商標
商標の種類	文字、図形、記号、立体的形状、単色の色彩、色彩の 組み合わせ、音、動き、ホログラム、位置
マドプロ加盟	1997年5月1日
分類	ニース国際分類 類見出しの使用：可 小売役務：可
多区分の可否	可
必要書類	無し
相対的登録要件	審査無し
ディスクレーム	無し
コンセント	無し
早期審査	有り
情報提供	有り

拒絶への応答	受領日から30日、2ヶ月の延長可
公開データベース	有り https://www.swissreg.ch/srclient/faces/jsp/trademark/sr1.jsp
異議申立期間	登録公告日から3ヶ月間
出願から登録まで	約6ヶ月
存続期間	出願日から10年
更新期間	存続期間満了日前12ヶ月以内 グレースピリオド：満了後6ヶ月以内
不使用取消	有り（継続して5年）
不使用以外の取消	有り（司法）

■権利行使

民事救済	差止命令、損害賠償
行政救済	水際措置
刑事救済	罰金、禁固

ヨーロッパ

■商標出願の動向

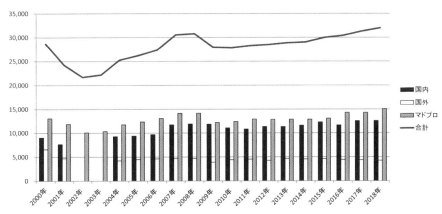

■権利化までの流れ

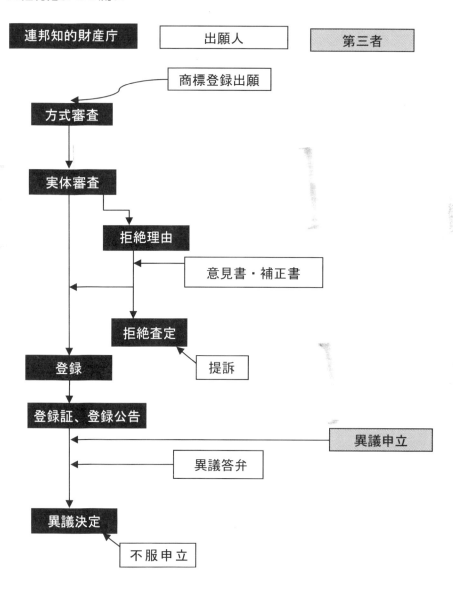

連邦知的財産庁　　　出願人　　　第三者

商標登録出願

方式審査

実体審査

拒絶理由

意見書・補正書

拒絶査定

提訴

登録

登録証、登録公告

異議申立

異議答弁

異議決定

不服申立

■スイス　トピックス

" 物価の高いスイスは出願料金も高い？ "

　WIPO の所在国であるスイスは、世界でも有数の物価の高さで知られていますが、それは商標出願等の庁費用にも反映されているようです。例えば、スイスにおける商標出願の庁費用は3区分までで550CHF（約64,000円：2020年9月初旬基準）となっており、以降1区分追加するごとに、100CHF（約12,000円：同基準）が必要となります。

　スイスにおける商標出願の審査は、いわゆる絶対的拒絶理由（識別力等）のみについてなされ、相対的拒絶理由（先行商標との関係等）は、異議申立てによって処理されます。

　出願や更新、異議申立ての額は、同様な制度を採用する他のヨーロッパ諸国に比べても高く、EU 加盟国全域をカバーできる EUTM に比べても割高に感じます。例えば、それぞれの庁費用は以下のとおりです。

	スイス	フランス	EUTM
出願費用	：約64,000円	約24,000円	約107,000円
更新費用	：約82,000円	約36,000円	約107,000円
異議申立費用	：約94,000円	約41,000円	約 40,000円

＊スイスでは、出願3区分まで550CHF、更新700CHF、異議申立ては800CHF
＊フランスでは、出願（電子手続き）1区分目190€、更新1区分目290€、異議申立て325€
＊EUTM では、出願1区分目850€、更新1区分目850€、異議申立て320€

　一方、マドプロ出願におけるスイスの個別手数料は、出願時は3区分まで450CHF（約53,000円：同基準）、更新費用は区分数問わず500CHF（約58,000円）です。そこで、スイスにおいて商標の保護を図るためには、他の国とあわせてマドプロ出願を上手に活用するのも方法かもしれません。

スウェーデン王国 (Kingdom of Sweden)

首　　都：ストックホルム
面　　積：45万 km²
人　　口：約1,022万人（2018年11月、スウェーデン統計庁）
言　　語：スウェーデン語
通　　貨：スウェーデン・クローナ
Ｇ　Ｄ　Ｐ：5,511億米ドル（2018年、IMF）
経済成長率：2.3%（2018年、IMF）

■商標権取得

保護対象	商品商標、サービスマーク 証明商標、団体商標
商標の種類	文字、図形、記号、立体的形状、単色の色彩、色彩の組み合わせ、音、動き、ホログラム、位置、香り、味
マドプロ加盟	1995年12月1日
分類	ニース国際分類 類見出しの使用：否 小売役務：可（ただし、小売対象商品が35類で明記されていること。例：Retail services for cars）
多区分の可否	可
必要書類	無し
相対的登録要件	審査有り
ディスクレーム	無し
コンセント	有り
早期審査	無し
情報提供	有り

拒絶への応答	発行日から2ヶ月、延長：1回につき2ヶ月、正当な理由あれば回数制限無し
公開データベース	有り https://tc.prv.se/VarumarkesDbWeb/searchMain.jsp
異議申立期間	登録公告日から3ヶ月間
出願から登録まで	約3-6ヶ月
存続期間	出願日から10年（ただし2018年12月31日以前登録案件は登録日から10年）
更新期間	存続期間満了日前12ヶ月以内 グレースピリオド：満了後6ヶ月以内
不使用取消	有り（継続して5年）
不使用以外の取消	有り（行政・司法）

■権利行使

民事救済	差止命令、損害賠償、その他
行政救済	水際措置、摘発
刑事救済	罰金、禁固

ヨーロッパ

■商標出願の動向

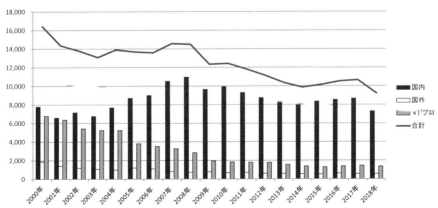

凡例：
- ■ 国内
- □ 国外
- ▨ マドプロ
- ― 合計

スペイン (Spain)

首　　都	マドリード
面　　積	50.6万 km²
人　　口	約4,693万人（2019年1月）
言　　語	スペイン（カスティージャ）語（なお、スペイン憲法は、第3条において、各自治州の自治憲章の定めにより他の言語も当該自治州の公用語とすることを認めており、現在、バスク語、カタルーニャ語、ガリシア語、バレンシア語、アラン語がそれぞれ公用語として認められている。）
通　　貨	ユーロ
G　D　P	約1兆4,258億米ドル（2018年、IMF）
経済成長率	2.6%（2018年、IMF）

■商標権取得

保護対象	商品商標、サービスマーク 証明商標、団体商標
商標の種類	文字、図形、立体的形状、単色の色彩、色彩の組み合わせ、音
マドプロ加盟	1995年12月1日
分類	ニース国際分類 類見出しの使用：可 小売役務：可
多区分の可否	可
必要書類	委任状
相対的登録要件	審査無し
ディスクレーム	有り
コンセント	無し
早期審査	無し

情報提供	有り
拒絶への応答	官報での公告日から1ヶ月
公開データベース	有り http://consultas2.oepm.es/LocalizadorWeb/
異議申立期間	出願公告日から2ヶ月間
出願から登録まで	約8-15ヶ月
存続期間	出願日から10年
更新期間	存続期間満了日前6ヶ月以内 グレースピリオド：満了後6ヶ月
不使用取消	有り（継続して5年）
不使用以外の取消	有り（司法）

ヨーロッパ

■権利行使

民事救済	差止命令、損害賠償、その他
行政救済	水際措置
刑事救済	罰金、禁固

■商標出願の動向

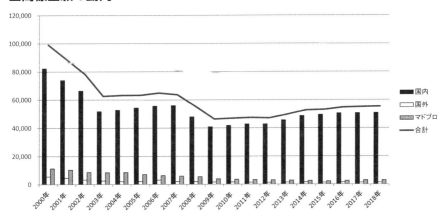

凡例：国内、国外、マドプロ、合計

スロバキア共和国 (Slovak Republic)

首　　都：ブラチスラバ
面　　積：49,037km²
人　　口：545万人（2019年3月、スロバキア統計局）
言　　語：スロバキア語
通　　貨：ユーロ
Ｇ　Ｄ　Ｐ：1,066億米ドル（2018年、IMF）
経済成長率：4.1%（2018年、IMF）

■商標権取得

保護対象	商品商標、サービスマーク 団体商標
商標の種類	文字、図形、記号、立体的形状、単色の彩色、色彩の組み合わせ、音、動き、ホログラム、位置、香り、味
マドプロ加盟	1997年9月13日
分類	ニース国際分類 類見出しの使用：否 小売役務：可
多区分の可否	可
必要書類	委任状
相対的登録要件	審査無し
ディスクレーム	無し
コンセント	有り
早期審査	無し
情報提供	有り

拒絶への応答	受領日から２ヶ月、２ヶ月の延長可（回数は決まっていない）
公開データベース	有り https://wbr.indprop.gov.sk/webregistre/
異議申立期間	出願公告日から３ヶ月間
出願から登録まで	約６ヶ月
存続期間	出願日から10年
更新期間	存続期間満了日前12ヶ月以内 グレースピリオド：満了後６ヶ月以内
不使用取消	有り（継続して５年）
不使用以外の取消	有り（行政）

■権利行使

民事救済	差止命令、損害賠償
行政救済	水際措置、摘発
刑事救済	罰金、禁固

■商標出願の動向

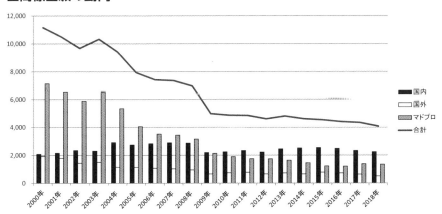

スロベニア共和国 （Republic of Slovenia）

首　　都：リュブリャナ
面　　積：2万273km²
人　　口：約206万人（2018年、世界銀行）
言　　語：スロベニア語
通　　貨：ユーロ
Ｇ　Ｄ　Ｐ：488億米ドル（2018年、世界銀行）
経済成長率：5.0%（2018年、世界銀行）

■商標権取得

保護対象	商品商標、サービスマーク 団体商標
商標の種類	文字、図形、記号、立体的形状、単色の色彩、色彩の 組み合わせ、音
マドプロ加盟	1998年3月12日
分類	ニース国際分類 類見出しの使用：可 小売役務：可
多区分の可否	可
必要書類	委任状
相対的登録要件	審査無し
ディスクレーム	無し
コンセント	無し
早期審査	無し
情報提供	有り
拒絶への応答	受領日から3ヶ月、3ヶ月1回の延長可

公開データベース	有り http://www2.uil-sipo.si/
異議申立期間	出願公告日から３ヶ月間
出願から登録まで	約５-12ヶ月
存続期間	出願日から10年
更新期間	存続期間満了日前12ヶ月以内 グレースピリオド：満了後６ヶ月以内
不使用取消	有り（継続して５年）（司法）
不使用以外の取消	有り（司法）

■権利行使

民事救済	差止命令、損害賠償、その他
行政救済	水際措置、摘発、その他
刑事救済	罰金、禁固、その他

ヨーロッパ

■商標出願の動向

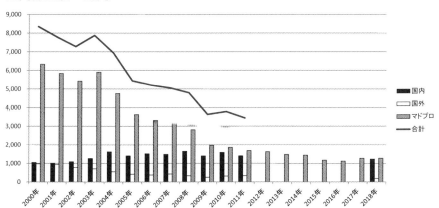

凡例：国内、国外、マドプロ、合計

セルビア共和国 (Republic of Serbia)

首　　都：ベオグラード
面　　積：77,474km²
人　　口：712万人（2011年、セルビア国勢調査）
言　　語：セルビア語（公用語）、ハンガリー語等
通　　貨：ディナール
Ｇ　Ｄ　Ｐ：505億米ドル（2018年、世界銀行統計）
経済成長率：4.3％（2018年、セルビア統計局）

■商標権取得

保護対象	商品商標、サービスマーク 証明商標、団体商標
商標の種類	文字、図形、記号、立体的形状、色彩の組み合わせ、音、ホログラム
マドプロ加盟	1998年2月17日
分類	ニース国際分類 類見出しの使用：可 小売役務：可
多区分の可否	可
必要書類	委任状
相対的登録要件	審査有り
ディスクレーム	有り
コンセント	有り
早期審査	有り
情報提供	有り

拒絶への応答	受領日から30日、1回30日の3-4回延長可
公開データベース	有り http://www.zis.gov.rs/databases/databases.533.html
異議申立期間	出願公告日から3ヶ月間
出願から登録まで	約6-12ヶ月
存続期間	出願日から10年
更新期間	存続期間満了日前6ヶ月以内 グレースピリオド：満了後6ヶ月以内
不使用取消	有り（継続して5年）
不使用以外の取消	有り（行政）

■権利行使

民事救済	差止命令、損害賠償
行政救済	水際措置、摘発
刑事救済	罰金、禁固

ヨーロッパ

■商標出願の動向

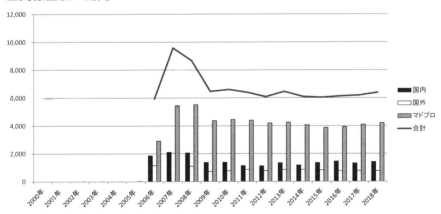

チェコ共和国 (Czech Republic)

首　　都：プラハ
面　　積：78,866km²
人　　口：1,064万人（2018年12月末現在、チェコ統計局）
言　　語：チェコ語
通　　貨：チェコ・コルナ
Ｇ　Ｄ　Ｐ：2,421億米ドル（2018年、IMF）
経済成長率：2.9%（2018年、IMF）

■商標権取得

保護対象	商品商標、サービスマーク 団体商標
商標の種類	文字、図形、記号、立体的形状、単色の色彩、色彩の 組み合わせ、音、動き、ホログラム、位置
マドプロ加盟	1996年9月25日
分類	ニース国際分類 類見出しの使用：可（実体的には指令がかかる） 小売役務：可
多区分の可否	可
必要書類	委任状
相対的登録要件	審査無し
ディスクレーム	有り
コンセント	有り
早期審査	無し
情報提供	有り
拒絶への応答	郵送日から1ヶ月、2ヶ月2回の延長可

公開データベース	有り http://www.upv.cz/en/client-services/online-databases/ trade-mark-databases/national-database.html
異議申立期間	出願公告日から3ヶ月間
出願から登録まで	約7-10ヶ月
存続期間	出願日から10年
更新期間	存続期間満了日前12ヶ月以内 グレースピリオド：満了後6ヶ月以内
不使用取消	有り（継続して5年）（行政）
不使用以外の取消	有り（行政）

■権利行使

民事救済	差止命令、損害賠償、その他
行政救済	水際措置、摘発
刑事救済	罰金、禁固

■商標出願の動向

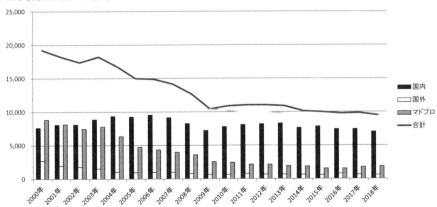

デンマーク王国 (Kingdom of Denmark)

首　　都：コペンハーゲン
面　　積：約4.3万km²（除フェロー諸島及びグリーンランド）
人　　口：約581万人（2019年、デンマーク統計局）
言　　語：デンマーク語
通　　貨：デンマーク・クローネ
Ｇ　Ｄ　Ｐ：3,509億米ドル（2018年、IMF統計）
経済成長率：1.2%（2018年、IMF統計）

■商標権取得

保護対象	商品商標、サービスマーク 証明商標、団体商標
商標の種類	文字、図形、記号、立体的形状、単色の色彩、色彩の組み合わせ、音、動き、ホログラム、位置、香り、味
マドプロ加盟	1996年2月13日
分類	ニース国際分類 類見出しの使用：可 小売役務：可
多区分の可否	可
必要書類	なし
相対的登録要件	審査無し
ディスクレーム	有り（特許庁から求められることはない）
コンセント	有り（特許庁から求められることはない）
早期審査	無し
情報提供	有り
拒絶への応答	発行日から2ヶ月、通常2ヶ月1回の延長可、回数は案件による

公開データベース	有り
	http://onlineweb.dkpto.dk/pvsonline/Varemaerke
異議申立期間	出願公告日から2ヶ月間
出願から登録まで	約3-4ヶ月
存続期間	登録日から10年
更新期間	存続期間満了日前6ヶ月以内
	グレースピリオド：満了後6ヶ月以内
不使用取消	有り（継続して5年）
不使用以外の取消	有り（行政・司法）

■権利行使

民事救済	差止命令、損害賠償、その他
行政救済	水際措置、摘発、その他
刑事救済	罰金、禁固

ヨーロッパ

■商標出願の動向

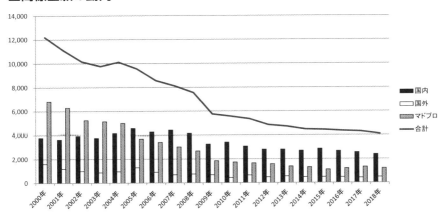

ドイツ連邦共和国 (Federal Republic of Germany)

首　　都：ベルリン
面　　積：35.7万 km²
人　　口：8,315万人（2019年9月、独連邦統計庁）
言　　語：ドイツ語
通　　貨：ユーロ
Ｇ　Ｄ　Ｐ：4兆米ドル（2018年、独連邦統計庁他）
経済成長率：1.5％（2018年、独連邦統計庁他）

■商標権取得

保護対象	商品商標、サービスマーク 証明商標、団体商標
商標の種類	文字、図形、記号、立体的形状、単色の色彩、色彩の 組み合わせ、音、動き、ホログラム、位置
マドプロ加盟	1996年3月20日
分類	ニース国際分類 類見出しの使用：可 小売役務：可
多区分の可否	可
必要書類	無し
相対的登録要件	審査無し
ディスクレーム	無し
コンセント	無し
早期審査	有り
情報提供	有り
拒絶への応答	受領日から2ヶ月、1ヶ月または2ヶ月の延長可

公開データベース	有り https://register.dpma.de/DPMAregister/marke/ einsteiger?lang=en
異議申立期間	登録公告日から３ヶ月間
出願から登録まで	約6-8ヶ月
存続期間	出願日から10年
更新期間	存続期間満了日前６ヶ月以内 グレースピリオド：存続期間満了後６ヶ月以内
不使用取消	有り（継続して５年）
不使用以外の取消	有り（行政・司法）

■権利行使

民事救済	差止命令、損害賠償、その他
行政救済	水際措置、摘発、その他
刑事救済	罰金、禁固

■商標出願の動向

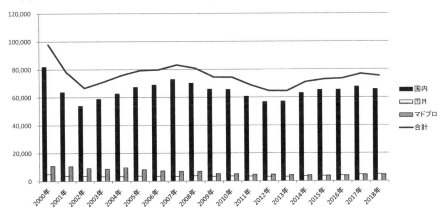

ノルウェー王国 (Kingdom of Norway)

```
首    都：オスロ
面    積：38.6万 km²
人    口：532万8,212人（2019年1月、ノルウェー中央統計局）
言    語：ノルウェー語
通    貨：ノルウェー・クローネ
G D P：3,988億米ドル（2017年、IMF）
経済成長率：1.9%（2017年、IMF）
```

■商標権取得

保護対象	商品商標、サービスマーク 証明商標、団体商標
商標の種類	文字、図形、記号、立体的形状、単色の色彩、色彩の組み合わせ、音、動き、ホログラム、位置、香り、味
マドプロ加盟	1996年3月29日
分類	ニース国際分類 類見出しの使用：可 小売役務：可
多区分の可否	可
必要書類	委任状
相対的登録要件	審査有り
ディスクレーム	有り
コンセント	有り
早期審査	有り
情報提供	有り

拒絶への応答	発送日から3ヶ月、6ヶ月ごと2回の延長可。同意書交渉等正当な理由がある場合はさらなる延長が認められる。
公開データベース	有り https://search.patentstyret.no/
異議申立期間	登録公告日から3ヶ月間
出願から登録まで	約6ヶ月
存続期間	出願日から10年
更新期間	存続期間満了日前12ヶ月以内 グレースピリオド：満了後6ヶ月以内
不使用取消	有り（継続して5年）
不使用以外の取消	有り（行政・司法）

■権利行使

民事救済	差止命令、損害賠償
行政救済	水際措置
刑事救済	罰金、禁固

■商標出願の動向

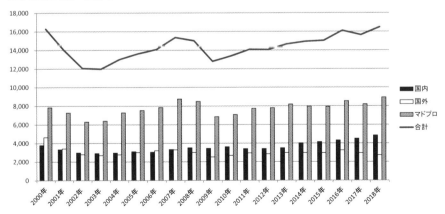

■権利化までの流れ

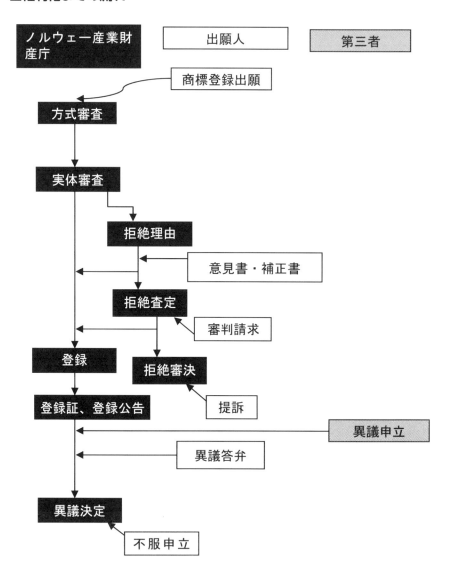

■ノルウェー　トピックス

"EUIPO ガイドラインに依拠した判決例 "

　ノルウェーは EU 非加盟であるため、欧州連合商標（European Union Trade Mark: EUTM）で保護を受けることはできません。そのため、ノルウェーに直接出願をするか、ノルウェーを指定したマドプロ出願をする必要があります。しかし、裁判所での識別力の審理において、EUIPO のガイドラインに依拠した判決例（2017年 4 月11日，Case No. 16-135037 TVI-OTIR/07）があります。

　上記商標は、ノルウェー特許庁（NIPO）での審査及び審判段階において、指定商品「銃砲弾、発射体、弾薬筒」の特徴を表したものにすぎず自他商品識別力が認めれないと判断され、拒絶されました。

　しかし、オスロ地方裁判所において、EUIPO ガイドラインで識別力が認められない商標として例示されている商標と比較し、上記商標は、識別力が認められるとの判断がなされました。

　また、ノルウェーの裁判所は、識別力の判断について NIPO よりは緩やかな基準を目指している傾向が見られます。そのため、審査・審判において識別力がないと判断された商標であっても、裁判まで行けば、識別力が認められる可能性がありますので、訴訟提起をご検討いただくのも一案かと思います。

ハンガリー (Hungary)

首　　都：ブダペスト
面　　積：約9.3万 km²
人　　口：約980万人（2018年１月、中央統計局）
言　　語：ハンガリー語
通　　貨：フォリント
Ｇ　Ｄ　Ｐ：1,612億米ドル（2018年、IMF）
経済成長率：4.9％（2018年、ハンガリー中央統計局）

■商標権取得

保護対象	商品商標、サービスマーク 証明商標、団体商標
商標の種類	文字、図形、記号、立体的形状、単色の色彩、色彩の組み合わせ、音、ホログラム、位置
マドプロ加盟	1997年10月３日
分類	ニース国際分類 類見出しの使用：可 小売役務：可
多区分の可否	可
必要書類	委任状
相対的登録要件	審査無し
ディスクレーム	無し
コンセント	有り
早期審査	有り
情報提供	有り

拒絶への応答	受領日から30日、3回延長可（1回目は3ヶ月、次の2回は、庁の裁量による）
公開データベース	有り http://epub.hpo.hu/e-kutatas/?lang=HU#
異議申立期間	出願公告日から3ヶ月間
出願から登録まで	約7ヶ月
存続期間	出願日から10年
更新期間	存続期間満了日前6ヶ月以内 グレースピリオド：満了後6ヶ月
不使用取消	有り（継続して5年）
不使用以外の取消	有り（行政）

■権利行使

民事救済	差止命令、損害賠償
行政救済	水際措置、摘発
刑事救済	罰金

■商標出願の動向

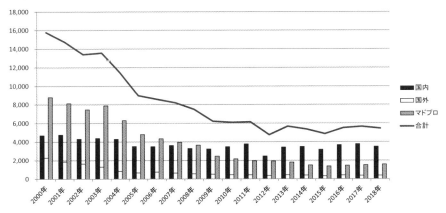

ヨーロッパ

155

フィンランド共和国 (Republic of Finland)

首　　都：ヘルシンキ
面　　積：33.8万 km²
人　　口：約551万人（2018年12月末時点）
言　　語：フィンランド語、スウェーデン語（全人口の約5.2%、
　　　　　2018年統計）
通　　貨：ユーロ
Ｇ　Ｄ　Ｐ：2,753億米ドル（2018年、IMF）
経済成長率：2.4%（2018年、IMF）

■商標権取得

保護対象	商品商標、サービスマーク 証明商標、団体商標
商標の種類	文字、図形、記号、立体的形状、単色の色彩、色彩の 組み合わせ、音、動き、ホログラム、位置、香り、味
マドプロ加盟	1996年4月1日
分類	ニース国際分類 類見出しの使用：否 小売役務：可
多区分の可否	可
必要書類	無し
相対的登録要件	審査有り
ディスクレーム	有り
コンセント	有り
早期審査	有り
情報提供	有り

拒絶への応答	通常は発行日から2ヶ月（官費納付や方式審査不備に関する場合は1ヶ月）、1-3ヶ月間の延長が1回認められる。（2回目以降の延長は正当な理由がある場合認められる。）
公開データベース	有り http://epalvelut.prh.fi/en/web/tietopalvelu/haku
異議申立期間	登録公告日から2ヶ月間
出願から登録まで	約1-3ヶ月
存続期間	出願日から10年
更新期間	存続期間満了日前12ヶ月以内 グレースピリオド：6ヶ月
不使用取消	有り（継続して5年）
不使用以外の取消	有り（行政、司法）

ヨーロッパ

■権利行使

民事救済	差止命令・損害賠償
行政救済	水際措置
刑事救済	罰金、禁固

■商標出願の動向

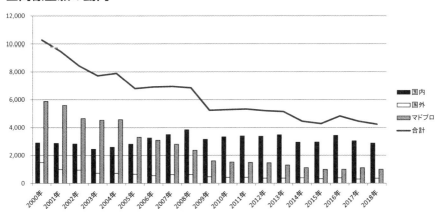

フランス共和国 (French Republic)

首　　都：パリ
面　　積：54万4,000km²
人　　口：約6,699万人（2019年、仏国立統計経済研究所）
言　　語：フランス語
通　　貨：ユーロ
Ｇ　Ｄ　Ｐ：2.780兆米ドル（2018年、IMF）
経済成長率：1.7%（2018年、IMF）

■商標権取得

保護対象	商品商標、サービスマーク 証明商標、団体商標
商標の種類	文字、図形、記号、立体的形状、単色の色彩、色彩の組み合わせ、音、動き、ホログラム、位置
マドプロ加盟	1997年11月7日
分類	ニース国際分類 類見出しの使用：可 小売役務：可
多区分の可否	可
必要書類	無し
相対的登録要件	審査無し
ディスクレーム	無し
コンセント	無し
早期審査	無し
情報提供	有り
拒絶への応答	受領日から2ヶ月、方式的な欠陥の場合は1ヶ月、絶対的拒絶理由の場合は2ヶ月の延長可

公開データベース	有り
	http://bases-marques.inpi.fr/
異議申立期間	出願公告日から2ヶ月間
出願から登録まで	約5ヶ月
存続期間	出願日から10年
更新期間	存続期間満了日前12ヶ月以内
	グレースピリオド：満了日6ヶ月間
不使用取消	有り（継続して5年）
不使用以外の取消	有り（司法）

■権利行使

民事救済	差止命令、損害賠償、その他
行政救済	水際措置、摘発
刑事救済	罰金、禁固、その他

■商標出願の動向

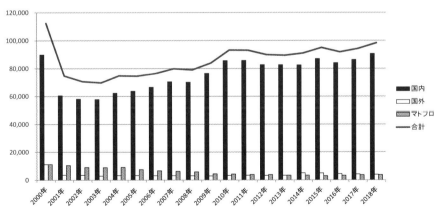

凡例：
- ■ 国内
- □ 国外
- ▨ マトプロ
- ― 合計

ブルガリア共和国 (Republic of Bulgaria)

首　　都：ソフィア
面　　積：11.09万 km²
人　　口：708万人（2017年、世界銀行）
言　　語：ブルガリア語
通　　貨：レフ（複数形：レヴァ）
Ｇ　Ｄ　Ｐ：649.6億米ドル（2018年、IMF）
経済成長率：3.2%（2018年、IMF）

■商標権取得

保護対象	商品商標、サービスマーク 証明商標、団体商標
商標の種類	文字、図形、記号、立体的形状、色彩の組み合わせ、音
マドプロ加盟	2001年10月2日
分類	ニース国際分類 類見出しの使用：否 小売役務：否
多区分の可否	可
必要書類	委任状
相対的登録要件	審査無し
ディスクレーム	有り
コンセント	有り
早期審査	無し
情報提供	有り
拒絶への応答	受領日から2ヶ月、1回2ヶ月の延長可

公開データベース	有り https://www.tmdn.org/tmview/welcome
異議申立期間	出願公告日から３ヶ月間
出願から登録まで	約９-12ヶ月
存続期間	出願日から10年
更新期間	存続期間満了日前12ヶ月以内 グレースピリオド：満了後６ヶ月以内
不使用取消	有り（継続して５年）
不使用以外の取消	有り（行政）

■権利行使

民事救済	差止命令、損害賠償、その他
行政救済	水際措置、摘発
刑事救済	罰金、禁固

■商標出願の動向

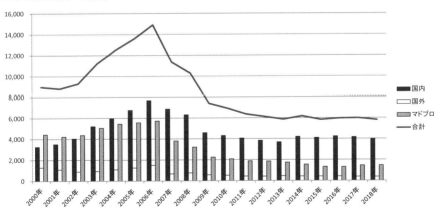

凡例：
- 国内
- 国外
- マドプロ
- 合計

ベネルクス（ベルギー、オランダ、ルクセンブルグ）

〈ベルギー〉

　人　　　口：1,149.2万人（2019年９月、ベルギー内務省）

　Ｇ　Ｄ　Ｐ：5,331.53億米ドル（2018年、IMF）

　経済成長率：1.4％（2018年、ベルギー中央銀行）

〈オランダ〉

　人　　　口：1,738.4万人（2019年９月、オランダ中央統計局）

　Ｇ　Ｄ　Ｐ：9,145億米ドル（2018年、IMF）

　経済成長率：2.6％（2018年、IMF）

〈ルクセンブルク〉

　人　　　口：613,894人（2019年１月１日、ルクセンブルク統計局）

　Ｇ　Ｄ　Ｐ：689億米ドル（2018年、IMF）

　経済成長率：4.3％（2018年、IMF）

■商標権取得

保護対象	商品商標、サービスマーク 証明商標、団体商標
商標の種類	文字、図形、記号、立体的形状、単色の色彩、色彩の組み合わせ、音、動き、ホログラム、位置、その他
マドプロ加盟	1998年４月１日
分類	ニース国際分類 類見出しの使用：否 小売役務：可
多区分の可否	可
必要書類	無し
相対的登録要件	審査無し
ディスクレーム	無し
コンセント	無し
早期審査	有り

情報提供	有り
拒絶への応答	発送日から1ヶ月、1ヶ月ずつの延長可（最初の通知日から6ヶ月を超えることはできない。）
公開データベース	有り https://www.boip.int/en/trademarks-register
異議申立期間	出願公告日から2ヶ月間
出願から登録まで	約5ヶ月
存続期間	出願日から10年
更新期間	存続期間満了日前6ヶ月以内 グレースピリオド：満了後6ヶ月以内
不使用取消	有り（継続して5年）
不使用以外の取消	有り（行政）

■権利行使

民事救済	差止命令、損害賠償
行政救済	水際措置
刑事救済	無し

ヨーロッパ

■商標出願の動向

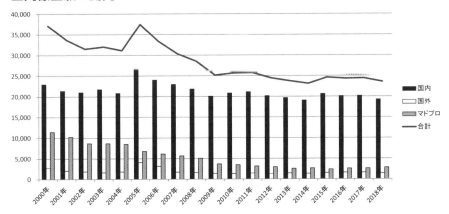

ポーランド共和国 (Republic of Poland)

首　　都：ワルシャワ
面　　積：32.2万 km²
人　　口：約3,839万人（2019年６月、ポーランド中央統計局）
言　　語：ポーランド語
通　　貨：ズロチ（Zł）
Ｇ　Ｄ　Ｐ：約4,965億ユーロ（2018年、欧州委員会（速報値））
経済成長率：5.1%（2018年、IMF）

■商標権取得

保護対象	商品商標、サービスマーク 証明商標、団体商標
商標の種類	文字、図形、記号、立体的形状、単色の彩色、色彩の組み合わせ、音、動き、マルチメディア、模様、ホログラム、位置
マドプロ加盟	1997年３月４日
分類	ニース国際分類 類見出しの使用：可 小売役務：可
多区分の可否	可
必要書類	委任状
相対的登録要件	審査無し
ディスクレーム	無し
コンセント	無し
早期審査	無し
情報提供	有り

拒絶への応答	受領日から２ヶ月、２ヶ月１回の延長可
公開データベース	有り http://regservtd.uprp.pl/register/simpleSearch?lng=en https://ewyszukiwarka.pue.uprp.gov.pl/search/simple-search?lng=en
異議申立期間	出願公告日から３ヶ月間
出願から登録まで	約６ヶ月
存続期間	出願日から10年
更新期間	存続期間満了日前12ヶ月以内 グレースピリオド：満了後６ヶ月以内
不使用取消	有り（継続して５年）
不使用以外の取消	有り（行政）

ヨーロッパ

■権利行使

民事救済	差止命令、損害賠償、その他
行政救済	水際措置
刑事救済	罰金、禁固、その他

■商標出願の動向

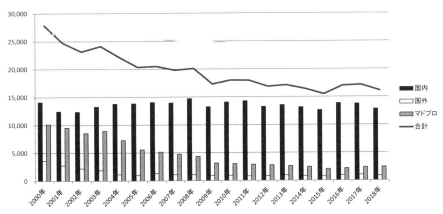

ポルトガル共和国 (Portuguese Republic)

首　　都：リスボン市
面　　積：91,985km²
人　　口：約1,027万人（2018年、ポルトガル国立統計院）
言　　語：ポルトガル語
通　　貨：ユーロ
Ｇ　Ｄ　Ｐ：約2,364億米ドル（2019年、IMF）
経済成長率：2.2%（2019年、ポルトガル国立統計院）

■商標権取得

保護対象	商品商標、サービスマーク 証明商標、団体商標
商標の種類	文字、図形、記号、立体的形状、色彩の組み合わせ、音、動き、ホログラム、位置、香り
マドプロ加盟	1997年3月20日
分類	ニース国際分類 類見出しの使用：可 小売役務：否
多区分の可否	可
必要書類	無し
相対的登録要件	審査有り
ディスクレーム	有り
コンセント	有り
早期審査	無し
情報提供	有り
拒絶への応答	発行日から1ヶ月、1ヶ月の延長可

公開データベース	有り
	http://servicosonline.inpi.pt/pesquisas/main/marcas.jsp?lang=EN
異議申立期間	出願公告日から２ヶ月間
出願から登録まで	約６ヶ月
存続期間	出願日から10年
更新期間	存続期間満了日前６ヶ月以内
	グレースピリオド：満了後６ヶ月以内
不使用取消	有り（継続して５年）
不使用以外の取消	有り（司法）

■権利行使

民事救済	差止命令、損害賠償
行政救済	水際措置
刑事救済	罰金、禁固

ヨーロッパ

■商標出願の動向

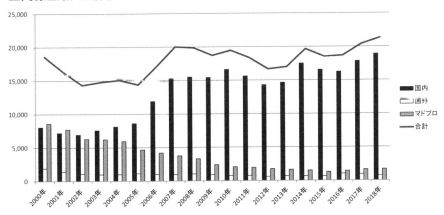

167

モナコ公国 (Principality of Monaco)

首　　都：モナコ市
面　　積：2.02km²
人　　口：38,300人（2018年、モナコ統計局）
言　　語：フランス語（公用語）
通　　貨：ユーロ（EU には加盟していないが、EC（欧州共同体）
　　　　　と通貨協定を締結しユーロを公式通貨として使用）
Ｇ　Ｄ　Ｐ：64億米ドル（2017年、世界銀行）
経済成長率：6.1％（2018年、世界銀行）

■商標権取得

保護対象	商品商標、サービスマーク 団体商標
商標の種類	文字、図形、記号、立体的形状、単色の色彩、色彩の組み合わせ、ホログラム
マドプロ加盟	1996年9月27日
分類	ニース国際分類
多区分の可否	可
必要書類	委任状
相対的登録要件	審査無し
ディスクレーム	無し
コンセント	無し
早期審査	無し
情報提供	無し
拒絶への応答	発行日から8ヶ月
公開データベース	無し

異議申立期間	異議申立制度無し
出願から登録まで	約3ヶ月
存続期間	出願日から10年
更新期間	存続期間満了日前であればいつでも可能 グレースピリオド：満了後6ヶ月以内
不使用取消	無し
不使用以外の取消	有り（司法）

■権利行使

民事救済	差止命令、損害賠償
行政救済	水際措置
刑事救済	罰金、禁固

ヨーロッパ

■商標出願の動向

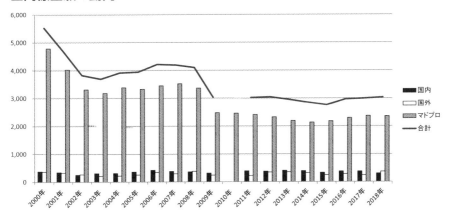

169

モンテネグロ（Montenegro）

首　　　都：ポドゴリツァ
面　　　積：13,812km²
人　　　口：62万人（2017年、世界銀行）
言　　　語：モンテネグロ語（公用語）、セルビア語等
通　　　貨：ユーロ
Ｇ　Ｄ　Ｐ：54億米ドル（2018年、世界銀行）
経済成長率：4.5％（2018年、世界銀行）

■商標権取得

保護対象	商品商標、サービスマーク 連合商標、団体商標
商標の種類	文字、図形、記号、立体的形状、単色の色彩、色彩の 組み合わせ、音
マドプロ加盟	2006年6月3日
分類	ニース国際分類 類見出しの使用：可 小売役務：可
多区分の可否	可
必要書類	委任状
相対的登録要件	審査無し
ディスクレーム	無し
コンセント	無し
早期審査	有り
情報提供	有り

拒絶への応答	受領日から60日、60日1回の延長可
公開データベース	有り http://www.ziscg.me/e-zig
異議申立期間	出願公告日から90日間
出願から登録まで	約9-12ヶ月
存続期間	出願日から10年
更新期間	存続期間満了日前6ヶ月以内 グレースピリオド：満了後6ヶ月以内
不使用取消	有り（継続して5年）（司法）
不使用以外の取消	有り（司法）

■権利行使

民事救済	差止命令、損害賠償
行政救済	水際措置、摘発
刑事救済	罰金、禁固

■商標出願の動向

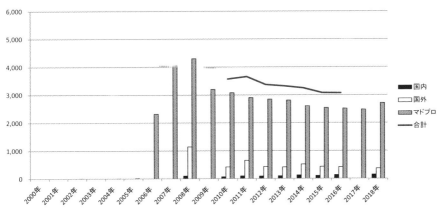

ルーマニア **（Romania）**

首　　都：ブカレスト
面　　積：約23.8万 km²
人　　口：約1,976万人（2016年）
言　　語：ルーマニア語（公用語）、ハンガリー語
通　　貨：レイ
Ｇ　Ｄ　Ｐ：約2,398.5億米ドル（2018年、IMF）
経済成長率：4.1%（2018年、IMF）

■商標権取得

保護対象	商品商標、サービスマーク 証明商標、団体商標
商標の種類	文字、図形、記号、立体的形状、色彩の組み合わせ、音、ホログラム、位置
マドプロ加盟	1998年7月28日
分類	ニース国際分類 類見出しの使用：可(ただし文言どおりの指定商品役務を指定したものとみなされ、類全体をカバーするものではない。) 小売役務：可
多区分の可否	可
必要書類	委任状
相対的登録要件	審査無し
ディスクレーム	有り
コンセント	無し
早期審査	無し
情報提供	有り

拒絶への応答	受領日から２ヶ月、ただし絶対的理由の場合は受領日から３ヶ月。３ヶ月１回の延長可
公開データベース	有り http://api.osim.ro:18080/marci/cautareb.jsp
異議申立期間	出願公告日から２ヶ月間
出願から登録まで	約９-12ヶ月
存続期間	出願日から10年
更新期間	存続期間満了日前３ヶ月以内 グレースピリオド：満了後６ヶ月以内
不使用取消	有り（継続して５年）（司法）
不使用以外の取消	有り（司法）

■権利行使

民事救済	差止命令、損害賠償
行政救済	水際措置、摘発
刑事救済	罰金、禁固、その他

ヨーロッパ

■商標出願の動向

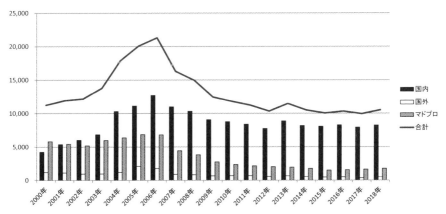

ロシア連邦 (Russian Federation)

首　　都：モスクワ
面　　積：約1,710万 km²
人　　口：1億4,680万人（2017年1月、ロシア国家統計庁）
言　　語：ロシア語
通　　貨：ロシア・ルーブル
Ｇ　Ｄ　Ｐ：1兆2,807億米ドル（2016年）
経済成長率：1.5%（2017年）

■商標権取得

保護対象	商品商標、サービスマーク 団体商標
商標の種類	文字、図形、記号、立体的形状、単色の色彩、色彩の 組み合わせ、音、動き、ホログラム、位置、香り
マドプロ加盟	1997年6月10日
分類	ニース国際分類 類見出しの使用：可 小売役務：可
多区分の可否	可
必要書類	委任状　＊委任状は必須ではない。
相対的登録要件	審査有り
ディスクレーム	有り
コンセント	有り
早期審査	有り
情報提供	有り
拒絶への応答	発行日から6ヶ月、延長無し

公開データベース	有り https://www.fips.ru/elektronnye-servisy/informatsionno-poiskovaya-sistema/index.php
異議申立期間	出願公告日から査定書が発行されるまでいつでも可
出願から登録まで	約6-10ヶ月
存続期間	出願日から10年
更新期間	存続期間満了日前12ヶ月以内 グレースピリオド：満了後6ヶ月以内
不使用取消	有り（継続して3年）
不使用以外の取消	有り（行政）

■権利行使

民事救済	差止命令、損害賠償、その他
行政救済	水際措置、摘発
刑事救済	罰金、禁固

ヨーロッパ

■商標出願の動向

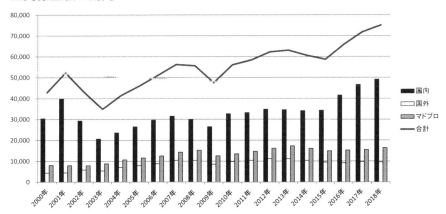

欧州連合 （EUTM）

加盟国：ベルギー、ブルガリア、チェコ、デンマーク、ドイツ、エストニア、アイルランド、ギリシャ、スペイン、フランス、クロアチア、イタリア、キプロス、ラトビア、リトアニア、ルクセンブルク、ハンガリー、マルタ、オランダ、オーストリア、ポーランド、ポルトガル、ルーマニア、スロベニア、スロバキア、フィンランド、スウェーデン、英国（2020年12月31日まで）

■商標権取得

保護対象	商品商標、サービスマーク 証明商標、団体商標
商標の種類	文字、図形、記号、立体的形状、単色の色彩、色彩の組み合わせ、音、動き、ホログラム、位置
マドプロ加盟	2004年10月1日
分類	ニース国際分類 類見出しの使用：否 小売役務：可
多区分の可否	可
必要書類	無し
相対的登録要件	審査無し
ディスクレーム	無し
コンセント	無し
早期審査	有り
情報提供	有り
拒絶への応答	発行日から２ヶ月、１ヶ月または２ヶ月の延長可
公開データベース	有り http://euipo.europa.eu/eSearch/

異議申立期間	出願公告日から３ヶ月間
出願から登録まで	約６-８ヶ月
存続期間	出願日から10年
更新期間	存続期間満了日前６ヶ月以内
	グレースピリオド：満了後６ヶ月以内
不使用取消	有り（継続して５年）
不使用以外の取消	有り（行政）

■権利行使

民事救済	差止命令、損害賠償
行政救済	水際措置
刑事救済	罰金、禁固

ヨーロッパ

■商標出願の動向

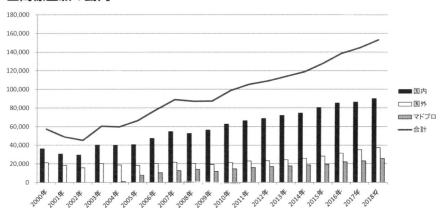

凡例：国内、国外、マドプロ、合計

■権利化までの流れ

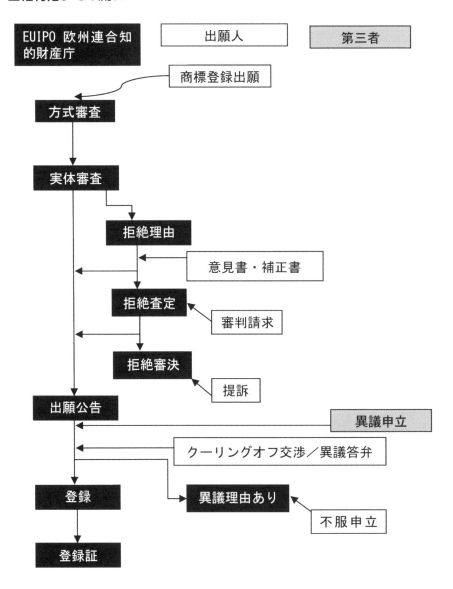

■欧州連合　トピックス

- マルチメディアファイルによる出願について -

　欧州において、欧州連合商標改正規定が、2017年10月1日より適用となり、出願書類において商標を写実的に表現する要件（Graphical Representation Requirement）が撤廃されました。

　これにより、音の商標、動きの商標、ホログラムの商標については、従来の出願方法に加え、MP3やMP4といったマルチメディアファイルでの出願が可能となりました。

　さらに、音と動きの要素を組み合わせた商標については、マルチメディア商標という新たなカテゴリーにて保護をすることができるようになりました。マルチメディア商標では、例えば、アニメーションが施されたロゴマークを保護することがされます。

　2019年までにはEU加盟国各国においても、国内商標の規定において、同様の改正規定がほぼ適用されており、EUTMおよびEU加盟国各国の国内登録として、マルチメディアファイルを用いた商標出願をすることができます。

　この運用により、楽譜や連続した静止画のイメージを作成するコスト削減や、審査官や第三者に対して、出願商標の保護を求める範囲をより明確に示すことが期待されます。

　マルチメディアファイルの提出を認めていない国の商標出願または商標登録を基礎として、欧州において優先権を主張し、マルチメディアファイルを用いた出願をする場合も、商標同一の要件は満たされると考えられています。ただし、かかる出願方式は未だ、WIPOがマルチメディアファイルの提出を認めておらず、依然として商標を写実的に表現する要件を課しているため、国際登録の基礎とすることはできないため注意が必要です。

ヨーロッパ

第4編

アフリカ

アルジェリア民主人民共和国 (People's Democratic Republic of Algeria)

首　　都：アルジェ
面　　積：238万 km²（内、砂漠地帯約200万 km²）
人　　口：4,220万人（2018年１月、アルジェリア国家統計局）
言　　語：アラビア語（国語、公用語）、ベルベル語（国語）、フランス語（国民の間で広く用いられている）
通　　貨：アルジェリアン・ディナール
Ｇ　Ｄ　Ｐ：1,883億米ドル（2018年、IMF）
経済成長率：2.5%（2018年、IMF）

■商標権取得

保護対象	商品商標、サービスマーク 団体商標
商標の種類	文字、図形、記号、色彩の組み合わせ
マドプロ加盟	2015年10月31日
分類	ニース国際分類 類見出しの使用：否 小売役務：可
多区分の可否	可
必要書類	委任状
相対的登録要件	審査有り
ディスクレーム	無し
コンセント	有り
早期審査	無し
情報提供	無し

拒絶への応答	発行日から2ヶ月、延長可能だが、特許庁の裁量による。
公開データベース	無し
異議申立期間	異議申立制度無し
出願から登録まで	約12ヶ月
存続期間	出願日から10年
更新期間	存続期間満了日前6ヶ月以内 グレースピリオド：満了後6ヶ月以内
不使用取消	有り（継続して3年）（司法）
不使用以外の取消	有り（司法）

■権利行使

民事救済	差止命令、損害賠償、その他
行政救済	水際措置、摘発、その他
刑事救済	罰金、禁固

アフリカ

■商標出願の動向

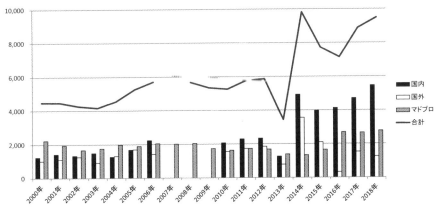

エジプト・アラブ共和国 (Arab Republic of Egypt)

首　　都：カイロ
面　　積：約100万 km²
人　　口：9,842万人（2018年、世界銀行）
言　　語：アラビア語、都市部では英語も通用
通　　貨：エジプト・ポンド（LE）とピアストル（PT）
Ｇ　Ｄ　Ｐ：2,860億米ドル（2018年、世界銀行）
経済成長率：5.3%（2018年、世界銀行）

■商標権取得

保護対象	商品商標、サービスマーク シリーズ商標、証明商標、団体商標
商標の種類	文字、図形、記号、単色の色彩、色彩の組み合わせ
マドプロ加盟	2009年9月3日
分類	ニース国際分類 類見出しの使用：可 小売役務：可
多区分の可否	可（但し、ほとんど利用されていない）
必要書類	委任状（認証要）
相対的登録要件	審査有り
ディスクレーム	有り
コンセント	無し
早期審査	無し
情報提供	無し
拒絶への応答	受領日から30日、延長無し

公開データベース	無し
異議申立期間	出願公告日から60日間
出願から登録まで	約18ヶ月
存続期間	出願日から10年
更新期間	存続期間満了日前12ヶ月以内 グレースピリオド：満了後6ヶ月以内
不使用取消	有り（継続して5年）（司法）
不使用以外の取消	有り（司法）

■権利行使

民事救済	差止命令、損害賠償、その他
行政救済	水際措置、その他
刑事救済	罰金、禁固

■商標出願の動向

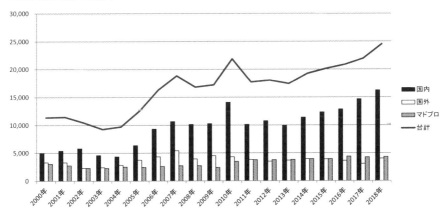

凡例：国内、国外、マドプロ、合計

エチオピア連邦民主共和国
(Federal Democratic Republic of Ethiopia)

首　　都：アディスアベバ
面　　積：109.7万 km²
人　　口：約1億922万人（2018年、世界銀行）
言　　語：アムハラ語、オロモ語、英語等
通　　貨：ブル
Ｇ　Ｄ　Ｐ：843億米ドル（2018年、世界銀行）
経済成長率：6.8%（2018年、世界銀行）

■商標権取得

保護対象	商品商標、サービスマーク シリーズ商標、団体商標
商標の種類	文字、図形、記号、立体的形状、色彩の組み合わせ
マドプロ加盟	未
分類	ニース国際分類 類見出しの使用：可 小売役務：可
多区分の可否	可
必要書類	委任状（認証要） 本国または外国登録証明書あるいは公証認証を受けた登記簿謄本
相対的登録要件	審査有り
ディスクレーム	有り
コンセント	有り
早期審査	無し

情報提供	無し
拒絶への応答	発行日から90日、90日２回の延長可
公開データベース	無し
異議申立期間	出願公告日から60日間
出願から登録まで	約18ヶ月
存続期間	出願日から７年
更新期間	存続期間満了日 グレースピリオド：満了後３ヶ月以内
不使用取消	有り（継続して３年）
不使用以外の取消	有り（行政）

■権利行使

民事救済	差止命令、損害賠償、その他
行政救済	水際措置、摘発
刑事救済	禁固

アフリカ

■商標出願の動向

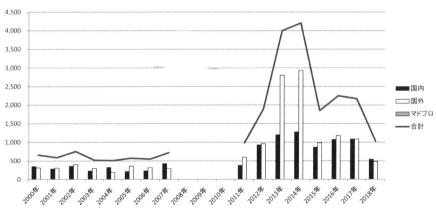

ガーナ共和国 (Republic of Ghana)

首　　都：アクラ
面　　積：238,537km²
人　　口：約2,977万人（2018年、世界銀行）
言　　語：英語（公用語）、各民族語
通　　貨：ガーナセディ
Ｇ　Ｄ　Ｐ：655.6億米ドル（2018年、世界銀行）
経済成長率：6.3%（2018年：世界銀行）

■商標権取得

保護対象	商品商標、サービスマーク 証明商標、団体商標
商標の種類	文字、図形、記号、立体的形状、単色の色彩、色彩の 組み合わせ、音、ホログラム
マドプロ加盟	2008年9月16日
分類	ニース国際分類 類見出しの使用：可 小売役務：否
多区分の可否	否
必要書類	委任状
相対的登録要件	審査有り
ディスクレーム	有り
コンセント	有り
早期審査	無し
情報提供	無し
拒絶への応答	延長可

公開データベース	無し
異議申立期間	出願公告日から2ヶ月間
出願から登録まで	約12ヶ月（12ヶ月を超えることもある。）
存続期間	出願日から10年
更新期間	存続期間満了日前6ヶ月以内 グレースピリオド：満了後6ヶ月以内
不使用取消	有り（継続して5年）
不使用以外の取消	有り（司法）

■権利行使

民事救済	差止命令、損害賠償
行政救済	水際措置
刑事救済	罰金、禁固、その他

■商標出願の動向

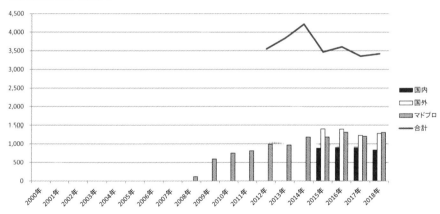

コンゴ民主共和国 (Democratic Republic of Congo)

首　　都：キンシャサ
面　　積：234.5万km²
人　　口：8,407万人（2018年、世界銀行）
言　　語：フランス語（公用語）、キスワヒリ語、リンガラ語、チ
　　　　　ルバ語、キコンゴ語等
通　　貨：コンゴ・フラン
Ｇ　Ｄ　Ｐ：472.3億米ドル（2018年、世界銀行）
経済成長率：5.8%（2018年、世界銀行）

■商標権取得

保護対象	商品商標、サービスマーク 団体商標
商標の種類	文字、図形、記号、立体的形状、色彩の組み合わせ
マドプロ加盟	未
分類	ニース国際分類 類見出しの使用：可 小売役務：可
多区分の可否	可
必要書類	委任状
相対的登録要件	審査有り
ディスクレーム	無し
コンセント	無し
早期審査	無し
情報提供	無し

拒絶への応答	法定期限無し
公開データベース	無し
異議申立期間	異議申立制度無し
出願から登録まで	約18ヶ月
存続期間	出願日から10年
更新期間	存続期間満了日前12ヶ月以内 グレースピリオド：満了後6ヶ月以内
不使用取消	有り（継続して3年）
不使用以外の取消	有り（司法）

■権利行使

民事救済	差止命令、損害賠償
行政救済	水際措置
刑事救済	無し

■商標出願の動向

※グラフは WIPO による統計数値の資料がない為、省略。

アフリカ

ジンバブエ共和国 (Republic of Zimbabwe)

首　　　都：ハラレ
面　　　積：38.6万 km²
人　　　口：1,444万人（2018年、世界銀行）
言　　　語：英語、ショナ語、ンデベレ語
通　　　貨：ジンバブエ・ドル（2019年6月に再導入）
G　D　P：310億米ドル（2018年、世界銀行）
経済成長率：6.2%（2018年、世界銀行）

■商標権取得

保護対象	商品商標、サービスマーク 連合商標、シリーズ商標、証明商標、団体商標、防護商標
商標の種類	文字、図形、記号、立体的形状、単色の色彩、色彩の組み合わせ、音
マドプロ加盟	2015年3月11日
分類	ニース国際分類 類見出しの使用：可 小売役務：可
多区分の可否	否
必要書類	委任状 使用または使用意思の確認
相対的登録要件	審査有り
ディスクレーム	有り
コンセント	有り（審査官の裁量）
早期審査	無し
情報提供	無し

拒絶への応答	発行日から2ヶ月、3ヶ月または6ヶ月または12ヶ月の延長可
公開データベース	無し
異議申立期間	出願公開日から2ヶ月間
出願から登録まで	約18ヶ月
存続期間	出願日から10年
更新期間	存続期間満了日前12ヶ月以内 グレースピリオド：満了後6ヶ月以内
不使用取消	有り（継続して5年）（行政・司法）
不使用以外の取消	有り（行政・司法）

■権利行使

民事救済	差止命令、損害賠償、その他
行政救済	無し
刑事救済	罰金、禁固

■商標出願の動向

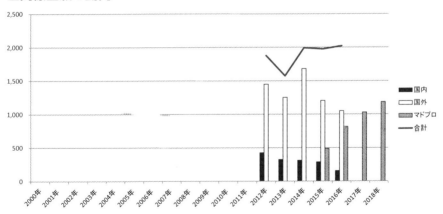

アフリカ

タンザニア連合共和国 (United Republic of Tanzania)

	タンザニア（メインランド）とザンジバル（島側）から なる
首　　都：	ドドマ（法律上の首都であり、国会議事堂が置かれている。）
	（政府官庁が存在するなど、事実上の首都機能を有し、経済面でも中心となっているのはダルエスサラーム）
面　　積：	94.5万 km²
人　　口：	5,632万人（2018年、世界銀行）
言　　語：	スワヒリ語（国語）、英語（公用語）
通　　貨：	タンザニア・シリング
G　D　P：	約580億米ドル（2018年、世界銀行）
経済成長率：	5.4%（2018年、世界銀行）

■商標権取得

保護対象	商品商標、サービスマーク 連合商標、シリーズ商標
商標の種類	文字、図形、記号、立体的形状、単色の色彩、色彩の組み合わせ
マドプロ加盟	未
分類	ニース国際分類 類見出しの使用：可 小売役務：可
多区分の可否	否
必要書類	委任状
相対的登録要件	審査有り
ディスクレーム	有り
コンセント	有り

早期審査	無し
情報提供	無し
拒絶への応答	発行日から1ヶ月 (審査官の裁量により延長可能)
公開データベース	無し
異議申立期間	出願公告日から2ヶ月間
出願から登録まで	約12ヶ月
存続期間	出願日から7年
更新期間	存続期間満了日前3ヶ月以内 グレースピリオド：満了後1ヶ月以内
不使用取消	有り（継続して3年）
不使用以外の取消	有り（行政・司法）

■権利行使

民事救済	差止命令、損害賠償、その他
行政救済	水際措置
刑事救済	罰金、禁固

アフリカ

■商標出願の動向

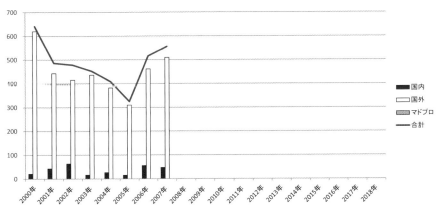

凡例：
■ 国内
□ 国外
▨ マドプロ
― 合計

●ザンジバル

■商標権取得

保護対象	商品商標、サービスマーク シリーズ商標、証明商標、団体商標
商標の種類	文字、図形、記号、色彩の組み合わせ、音、香り、味
マドプロ加盟	未
分類	ニース国際分類 類見出しの使用：可 小売役務：可
多区分の可否	否
必要書類	委任状
相対的登録要件	審査有り
ディスクレーム	有り
コンセント	有り
早期審査	無し
情報提供	無し
拒絶への応答	発行日から60日、3ヶ月2回の延長可
公開データベース	無し
異議申立期間	出願公告日から60日間
出願から登録まで	約12ヶ月
存続期間	出願日から10年
更新期間	存続期間満了日前6ヶ月以内 グレースピリオド：満了後6ヶ月以内
不使用取消	有り（継続して3年）
不使用以外の取消	有り（司法）

■権利行使

民事救済	差止命令、損害賠償、その他
行政救済	水際措置、摘発
刑事救済	罰金、禁固

アフリカ

チュニジア共和国 (Republic of Tunisia)

首　　都：チュニス
面　　積：16万3,610km²
人　　口：1,157万人（2018年、世界銀行）
言　　語：アラビア語（公用語）、フランス語（国民の間で広く用
　　　　　いられている）
通　　貨：チュニジア・ディナール
Ｇ　Ｄ　Ｐ：398.7億米ドル（2018年、世界銀行）
経済成長率：2.5％（2018年、世界銀行）

■商標権取得

保護対象	商品商標、サービスマーク、団体商標
商標の種類	文字、図形、記号、立体的形状、単色の色彩、色彩の組み合わせ、音、ホログラム
マドプロ加盟	2013年10月16日
分類	ニース国際分類 類見出しの使用：可 小売役務：可
多区分の可否	可
必要書類	委任状
相対的登録要件	審査無し
ディスクレーム	無し
コンセント	有り
早期審査	無し
情報提供	無し
拒絶への応答	受領日より、延長不可

公開データベース	有り https://www.tmdn.org/tmview/welcome
異議申立期間	出願公告日から60日
出願から登録まで	約24ヶ月
存続期間	出願日から10年
更新期間	存続期間満了日前6ヶ月以内 グレースピリオド：2ヶ月以内、正当な理由があれば 6ヶ月（但し、特に規定はなく、登録官の判断による）
不使用取消	有り（継続して5年）（司法）
不使用以外の取消	有り（司法）

■権利行使

民事救済	差止命令、損害賠償、その他
行政救済	水際措置、摘発
刑事救済	罰金、禁固

アフリカ

■商標出願の動向

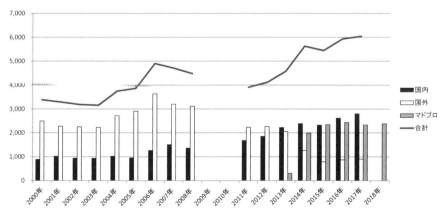

■国内
□国外
▨マドプロ
━合計

ナイジェリア連邦共和国 (Federal Republic of Nigeria)

首　　都：アブジャ
面　　積：923,773km²
人　　口：１億9,587万人（2018年、世界銀行）
言　　語：英語（公用語）、各民族語（ハウサ語、ヨルバ語、イボ
　　　　　語等）
通　　貨：ナイラ
Ｇ　Ｄ　Ｐ：3,973億米ドル（2018年、世界銀行）
経済成長率：1.9%（2018年、世界銀行）

■商標権取得

保護対象	商品商標、サービスマーク 連合商標、シリーズ商標、証明商標、防護商標
商標の種類	文字、図形、記号
マドプロ加盟	未
分類	ニース国際分類 類見出しの使用：可 小売役務：可
多区分の可否	否
必要書類	委任状
相対的登録要件	審査有り
ディスクレーム	有り
コンセント	有り
早期審査	無し
情報提供	無し
拒絶への応答	発行日から２ヶ月、１ヶ月の延長可

公開データベース	無し
異議申立期間	出願公告日から２ヶ月間
出願から登録まで	約24ヶ月
存続期間	出願日から７年
更新期間	存続期間満了日前６ヶ月以内 グレースピリオド：満了後１ヶ月以内
不使用取消	有り（継続して５年）
不使用以外の取消	有り（行政）

■権利行使

民事救済	差止命令、損害賠償
行政救済	無し
刑事救済	罰金、禁固

■商標出願の動向

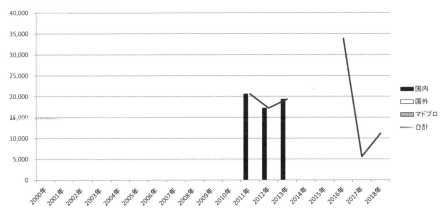

アフリカ

南アフリカ共和国 （Republic of South Africa）

首　　都：プレトリア
面　　積：122万 km²
人　　口：5,778万人（2018年、世界銀行）
言　　語：英語、アフリカーンス語、バンツー諸語（ズールー語、
　　　　　ソト語ほか）の合計11が公用語
通　　貨：ランド
Ｇ　Ｄ　Ｐ：3,663億米ドル（2018年、世界銀行）
経済成長率：0.6%（2018年、世界銀行）

■商標権取得

保護対象	商品商標、サービスマーク 連合商標、証明商標、団体商標
商標の種類	文字、図形、記号、立体的形状、単色の色彩、色彩の組み合わせ、音、動き、ホログラム、香り、味、その他
マドプロ加盟	未
分類	ニース国際分類 類見出しの使用：可 小売役務：可
多区分の可否	否
必要書類	委任状
相対的登録要件	審査有り
ディスクレーム	有り
コンセント	有り
早期審査	無し
情報提供	有り

拒絶への応答	発行日から３ヶ月、３ヶ月の延長可
公開データベース	有り https://iponline.cipc.co.za/Default.aspe
異議申立期間	出願公告日から３ヶ月間
出願から登録まで	約18-24ヶ月
存続期間	出願日から10年
更新期間	存続期間満了日前６ヶ月以内 グレースピリオド：満了後６ヶ月以内
不使用取消	有り（継続して５年）
不使用以外の取消	有り（司法）

■権利行使

民事救済	差止命令、損害賠償、その他
行政救済	水際措置、摘発
刑事救済	罰金、禁固

アフリカ

■商標出願の動向

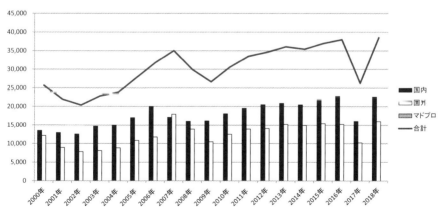

■権利化までの流れ

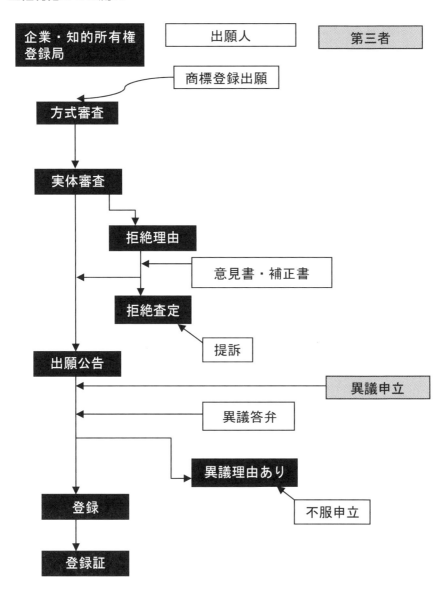

■南アフリカ　トピックス

"® マークは登録商標の証"

　南アフリカにおいても、「®」マークは、その商標が登録されていることを示すために広く用いられており、登録されていない商標に「®」マークを用いることは、虚偽表示とされ、刑事罰の対象となります。

　もっとも、虚偽表示を定める南アフリカ商標法62条では、同条2項において、その例外が設けられており、「®」マークが外国において商標として登録されていることを表記する場合や、外国において登録されている標章が当該国に輸出される商品について使用される場合等は、虚偽表示となりません。

　「®」マークに法的な効果を認めるアメリカにおいても、「®」マークが他の国で登録されている商標であることを表示するときは、違法でないとされています。

　日本においても、「®」マークの付けられた日用品等の輸入品が店頭で販売されているのをごく普通に見かけますが、その商標が日本で登録されていないから違法である、とは一概に言えないと思われます。

　海外で広く事業活動をおこなう企業にとって、商標登録を受けている国とそうでない国が混在することは、一般的にもあり得る状況であり、また、自身で積極的に商品を製造・販売しない国に商品が流通することもあり得ることです。他方、外国用の商品についても、「®」マークを表示したうえで、国ごとにパッケージや包装を変えることなく、統一して販売したい、という企業の希望が存在します。

　もちろん、企業にとって重要な国々については、商標登録の保有が望ましいですが、上記の南アフリカ商標法における規定は、南アフリカだけでなく、商標登録を保有していない他の国々においても、「®」マークの取扱いに関する一つの参考となり得るものと思われます。

アフリカ

モロッコ王国 (Kingdom of Morocco)

首　　都：ラバト
面　　積：44.6万 km²
人　　口：3,603万人（2018年、世界銀行）
言　　語：アラビア語（公用語）、ベルベル語（公用語）、フランス
　　　　　語
通　　貨：モロッコ・ディルハム
Ｇ　Ｄ　Ｐ：1,118.5億米ドル（2018年、世界銀行）
経済成長率：3.0%（2018年、世界銀行）

■商標権取得

保護対象	商品商標、サービスマーク 証明商標、団体商標
商標の種類	文字、図形、記号、立体的形状、単色の色彩、色彩の組み合わせ、音、ホログラム、香り
マドプロ加盟	1999年10月8日
分類	ニース国際分類 類見出しの使用：可 小売役務：可
多区分の可否	可
必要書類	委任状
相対的登録要件	審査無し
ディスクレーム	無し
コンセント	無し
早期審査	無し
情報提供	有り
拒絶への応答	受領日から2ヶ月、延長無し

公開データベース	有り http://www.ompic.ma/en/content/tradewarks
異議申立期間	出願公告日から2ヶ月間
出願から登録まで	約3-4ヶ月
存続期間	出願日から10年
更新期間	存続期間満了日前6ヶ月以内 グレースピリオド：満了後6ヶ月以内
不使用取消	有り（継続して5年）（司法）
不使用以外の取消	有り（司法）

■権利行使

民事救済	差止命令、損害賠償
行政救済	水際措置、摘発
刑事救済	罰金、禁固

■商標出願の動向

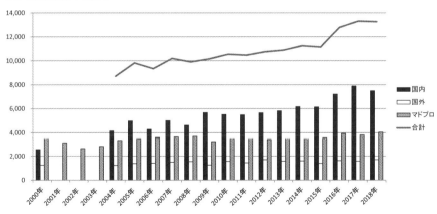

ARIPO（アフリカ広域知的財産機関）

加 盟 国：ボツワナ、エスワティニ（旧スワジランド）、ガンビア、
ガーナ、ケニア、レソト、リベリア、マラウイ、モザン
ビーク、ナミビア、ルワンダ、サントメ・プリンシペ、
シエラレオネ、ソマリア、スーダン、タンザニア、ウガ
ンダ、ザンビア、ジンバブエ、モーリシャス
*上記の加盟国中、ARIPOの商標出願が可能な国は、次の11ヶ国です。
ウガンダ、サントメ・プリンシペ、ジンバブエ、エスワティニ（旧ス
ワジランド）、ナミビア、ボツワナ、マラウイ、リベリア、タンザニア、
レソト、モザンビーク

■商標権取得

保護対象	商品商標、サービスマーク（マラウイ指定の場所は不可） 連合商標、証明商標、団体商標、防護商標
商標の種類	文字、図形、記号、立体的形状、単色の色彩、色彩の組み合せ、音
マドプロ加盟	未
分類	ニース国際分類
多区分の可否	可
必要書類	委任状
相対的登録要件	審査無し
ディスクレーム	有り
コンセント	有り
早期審査	無し
情報提供	無し
拒絶への応答	受領日から2ヶ月、延長なし

公開データベース	有り
	http://eservice.aripo.org/pdl/pqs/quickSearchScreen.do
異議申立期間	各国の国内法による
出願から登録まで	約15ヶ月
存続期間	出願日から10年
更新期間	存続期間満了日前6ヶ月以内
	グレースピリオド：満了後6ヶ月以内
不使用取消	各国の国内法による
不使用以外の取消	各国の国内法による

■権利行使

民事救済	加盟国の国内法による
行政救済	
刑事救済	加盟国の国内法による

アフリカ

■商標出願の動向

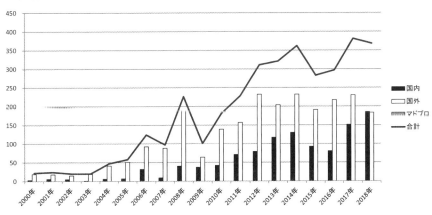

■権利化までの流れ

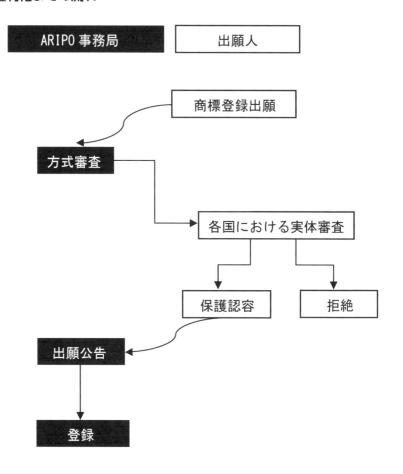

異議申立、不服審判請求等のその他の手続きについては、各国の国内法に従います。

■ ARIPO　トピックス

" 加盟国の国内法の整備に期待 "

　ARIPO（アフリカ広域知的財産機関）は、現在、旧英国領などの20ヶ国から構成され、そのうち、商標登録出願の対象となるのは次の11ヶ国です。

ウガンダ
サントメ・プリンシペ
ジンバブエ
ナミビア
ボツワナ
マラウイ
リベリア
タンザニア
レソト
エスワティニ（旧スワジランド）
モザンビーク

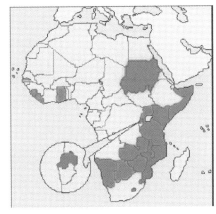

地図は特許庁 HP より引用

アフリカ

　ARIPO は、OAPI（アフリカ知的財産機関）とは異なり、マドプロ出願の対象ではありませんが、マドプロ出願と同様の方式審査が ARIPO 事務局において行われ、実体審査は各国において行われます。複数の加盟国の権利を一括管理できる点や、迅速な審査が期待できる点（各指定国は、各指定国への通報の日から12ヶ月以内に ARIPO 事務局に審査結果を通知しなければならならない）点でもマドプロに似ています。

　しかしながら、ARIPO による商標登録を有効とする国内法の整備は、加盟国の一部（2020年7月時点で、ボツワナ、マラウイ、ナミビア、サントメ・プリンシペ、ジンバブエの5ヶ国のみ）でしかなされておらず、その他の国においては ARIPO の商標登録の有効性が疑問視されています。そのため、マドプロに比べて ARIPO の加盟国がそれほど多くないことも考えると、現地代理人によっては、確実な権利化のため、現時点では ARIPO への出願ではなく、各国に直接出願することを推奨しています。とは言え、アフリカ大陸は、近年、幅広い分野でビジネスを行うための巨大マーケットとなりつつあり、日本企業の関心も一層高まっていることは疑いのないところです。ARIPO への出願を実効あらしめるためにも、加盟国の国内法の早急な整備が期待されます。

OAPI （アフリカ知的財産機関）

加　盟　国：カメルーン、ガボン、ギニア、ギニアビサウ、コモロ連合、
コンゴ共和国、コートジボワール、セネガル、チャド、
トーゴ、ニジェール、ブルキナファソ、ベナン、マリ、
モーリタニア、中央アフリカ共和国、赤道ギニア

■商標権取得

保護対象	商品商標、サービスマーク 団体商標
商標の種類	文字、図形、記号、立体的形状、単色の色彩、色彩の組み合わせ、音
マドプロ加盟	2015年3月5日
分類	ニース国際分類 類見出しの使用：否 小売役務：否
多区分の可否	可（ただし、商品と役務の区分を1出願に含めることはできない。）
必要書類	委任状
相対的登録要件	審査無し
ディスクレーム	無し
コンセント	無し
早期審査	無し
情報提供	無し

拒絶への応答	発行日から2ヶ月、延長無し
公開データベース	無し
異議申立期間	出願公告日から6ヶ月間
出願から登録まで	約12-24ヶ月
存続期間	出願日から10年
更新期間	存続期間満了日前6ヶ月以内 グレースピリオド：満了後6ヶ月以内
不使用取消	有り（継続して5年）（司法）
不使用以外の取消	有り（司法）

■権利行使

民事救済	差止命令、損害賠償
行政救済	無し
刑事救済	罰金、禁固

アフリカ

■商標出願の動向

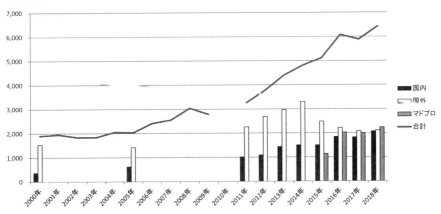

凡例：■国内　□国外　マドプロ　—合計

■権利化までの流れ

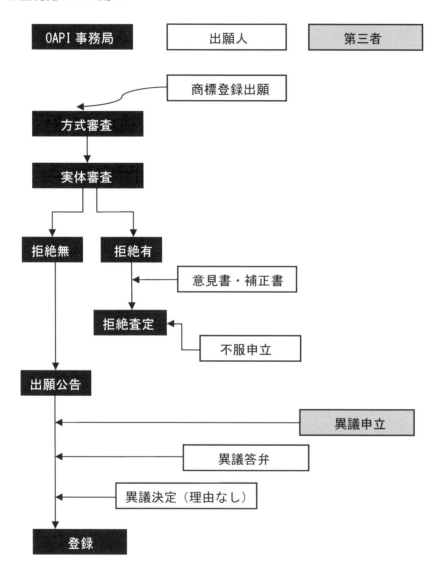

■ OAPI　トピックス

"マドプロ経由 VS OAPI 事務局への直接出願"

　アフリカ知的財産機関（OAPI）は、アフリカのフランス語圏の国が中心となって、1977年3月に中央アフリカのバンギで採択されたバンギ協定（Bangui Agreement）によって設立された広域特許機関です。加盟国は以下の17ヶ国です。

カメルーン	トーゴ
ガボン	ニジェール
ギニア	ブルキナファソ
ギニアビサウ	ベナン
コモロ連合	マリ
コンゴ共和国	モーリタニア
コートジボワール	中央アフリカ
セネガル	赤道ギニア
チャド	

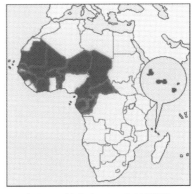

（地図は特許庁 HP より引用）

アフリカ

　OAPI は、APIPO とは異なり、加盟地域としてマドプロに加盟しており、マドプロ出願の際に OAPI を指定することにより、OAPI 加盟国において商標の保護を受けることができます。また、ARIPO とは異なり、加盟国の一部に限定して保護を求めることはできず、OAPI で商標登録されると、その保護は17の全加盟国に自動的に拡張されます。

　従来、OAPI のマドプロ加盟手続きには不備があるとの疑いから、OAPI のマドプロによる保護の有効性については現地代理人の間で議論があり、直接 OAPI 事務局に出願する場合に比べ、マドプロ経由では不利な取り扱いを受ける可能性も指摘されていました。しかしながら、現在、多くの国際登録で OAPI は指定されており、OAPI を指定した国際登録に基づく異議申立事件の決定もなされていることから、マドプロによる保護も十分期待できます。したがって、費用対効果の観点からマドプロ経由で OPAI を保護することも選択肢の一つと考えられます。他方、OAPI における商標保護の重要性が高い場合には、OAPI 事務局への直接出願により、より確実な商標の保護を受けることをおすすめいたします。

第5編

北米・中南米

アメリカ合衆国 （The United States of America）

首　　　都：ワシントン D.C.
面　　　積：962.8万 km²
人　　　口：3億2,775万人（2018年5月、米国国勢局）
言　　　語：主として英語（法律上の定めはない）
通　　　貨：米ドル
G　D　P：19兆3,906億米ドル（名目、2017年）
経済成長率：2.1%（2019年）

■商標権取得

保護対象	商品商標、サービスマーク 証明商標、団体商標、その他
商標の種類	文字、図形、記号、立体的形状、単色の色彩、色彩の組み合わせ、音、動き、香り、その他
マドプロ加盟	2003年11月2日
分類	ニース国際分類 類見出しの使用：否 小売役務：可
多区分の可否	可
必要書類	アメリカでの使用に基づく出願の場合は、宣誓書、使用証明資料 本国登録に基づく出願の場合は、本国登録証明書およびその英訳
相対的登録要件	審査有り
ディスクレーム	有り
コンセント	有り
早期審査	無し

情報提供	有り
拒絶への応答	発送日から6ヶ月、延長無し
公開データベース	有り http://tmsearch.uspto.gov/
異議申立期間	出願公告日から30日間
出願から登録まで	約12ヶ月
存続期間	登録日から10年
更新期間	存続期間満了日前12ヶ月以内 グレースピリオド：満了後6ヶ月以内
不使用取消	有り（継続して3年）
不使用以外の取消	有り（行政・司法）

■権利行使

民事救済	差止命令、損害賠償、その他
行政救済	水際措置、摘発
刑事救済	罰金、禁固

■商標出願の動向

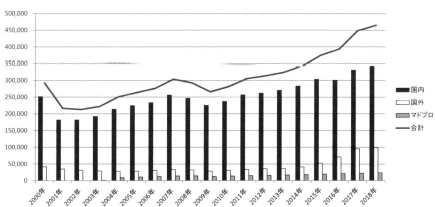

北米・中南米

■権利化までの流れ

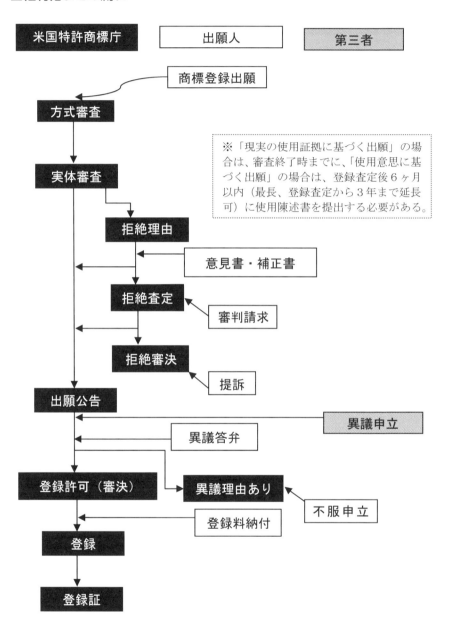

米国特許商標庁 ‖ 出願人 ‖ 第三者

商標登録出願

方式審査

実体審査

※「現実の使用証拠に基づく出願」の場合は、審査終了時までに、「使用意思に基づく出願」の場合は、登録査定後6ヶ月以内（最長、登録査定から3年まで延長可）に使用陳述書を提出する必要がある。

拒絶理由

意見書・補正書

拒絶査定

審判請求

拒絶審決

提訴

出願公告

異議申立

異議答弁

登録許可（審決）

異議理由あり

不服申立

登録料納付

登録

登録証

■アメリカ合衆国　トピックス

マドリッドプロトコルに基づく出願の際の注意点

　弊所が扱う米国出願では、マドプロ出願が圧倒的な割合を占めています。今一度、マドプロ出願で米国を指定する際に注意したい点について述べたいと思います。

1．使用証明：マドプロ出願は、出願時にMM18（標章を使用する意思の宣言書）を提出すればよく、保護認容までに使用証拠を提出する必要がありません。これはメリットと言えますが、一方で、使用に対する意識が低くなる恐れがあるので注意が必要です。使用していない場合には権利行使することができませんし、米国登録から5－6年目の間には使用宣誓書を提出する必要があるので、使用が免除されているわけではありません。そして、更新はWIPOに行いますが、使用宣誓書の提出は米国特許商標庁に行います。拒絶通報を受けることなく保護が認容された場合、米国代理人が選任されないまま権利化されるため、使用宣誓書の提出期限や、代理人の選任等自発的な管理が必要となります。

2．補助登録：直接出願の場合、識別力が弱くても一定の登録要件を満たせば、補助登録を受けることができ、後願排除効があります。また、5年間継続使用し、識別力を獲得した場合には、主登録が可能になるため、識別力に疑問がある商標については、補助登録という第2の選択肢があります。一方、マドプロ出願では補助登録は認められません。識別力に不安がある商標については、補助登録できないマドプロ出願でよいのか、現地代理人の見解を求めるなど、事前の検討が大切です。

3．商品・役務の区分：商品・役務の区分について、米国では、日本や他の国と異なる認定がなされるケースがあります。マドプロ出願の場合、各指定国官庁にマドプロ出願の区分を変更する権限がないため、米国の審査で「区分に誤りがある」と判断された商品・役務は、削除せざるを得なくなることがあります。一方、直接出願であれば、適切な区分に補正すれば削除する必要なく、カバーしたい商品・役務について保護を受けることができます。

　マドプロ出願をする際には、該当区分に問題が生じるような商品・役務がないか注意し、USPTOのサイト上のTrademark IDを参考にしたり、必要であれば、出願前に現地代理人に相談するのが望ましいでしょう。

　費用面や手続き面でメリットの多いマドプロ出願ですが、メリット・デメリットなどを比較考慮した上で、案件に合わせて上手に活用していきたいものです。

北米・中南米

221

アルゼンチン共和国 (Argentine Republic)

首　　都：ブエノスアイレス
面　　積：278万 km²
人　　口：4,449万人（2018年、世界銀行）
言　　語：スペイン語
通　　貨：アルゼンチン・ペソ
Ｇ　Ｄ　Ｐ：5,184億米ドル（2018年、世界銀行）
経済成長率：－2.5%（2018年、世界銀行）

■商標権取得

保護対象	商品商標、サービスマーク
商標の種類	文字、図形、記号、立体的形状、色彩の組み合わせ、音、動き
マドプロ加盟	未
分類	ニース国際分類 類見出しの使用：可 小売役務：可
多区分の可否	否
必要書類	委任状（認証要）
相対的登録要件	審査有り
ディスクレーム	有り
コンセント	無し
早期審査	無し
情報提供	有り
拒絶への応答	受領日から60日、延長可

公開データベース	有り（TM view による） https://www.tmdn.org/tmview/#/tmview
異議申立期間	出願公告日から30日間
出願から登録まで	約18-24ヶ月
存続期間	登録日から10年
更新期間	存続期間満了日前６ヶ月以内 グレースピリオド：無し
不使用取消	有り（継続して５年）
不使用以外の取消	有り（行政・司法）

■権利行使

民事救済	差止命令、損害賠償、その他
行政救済	水際措置
刑事救済	罰金、禁固

■商標出願の動向

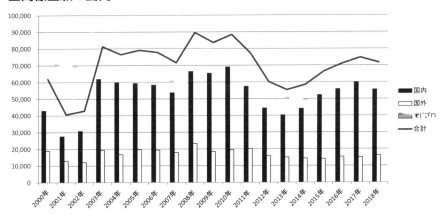

■権利化までの流れ

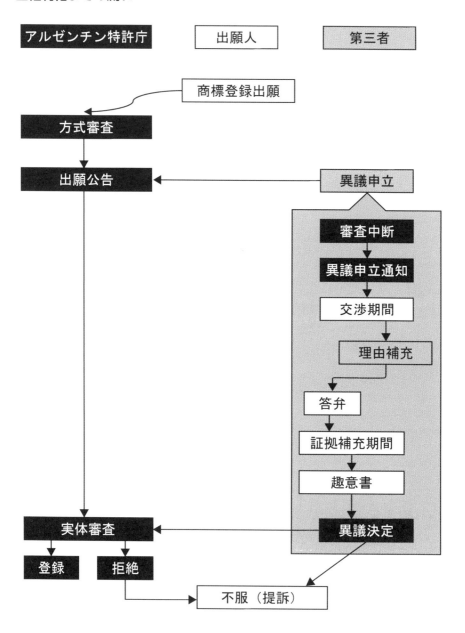

224

■アルゼンチン　トピックス

" 使用宣誓書の提出度 "

　2019年の新規則制定により、登録後５年目から６年目の間に使用宣誓書を提出することが必要となりました。また、商標権の更新の際にも使用宣誓書の提出が必要となります。仮に、登録後５年目から６年目の使用宣誓書の提出期限までに登録商標を使用していない場合には、不使用宣誓書を提出するのではなく、使用開始後に追加料金を納付して使用宣誓書を提出することも可能です。

　なお、一部の指定商品・指定役務についてのみ登録商標を使用している場合でも、その一部の使用について使用宣誓書を提出することで、全ての指定商品・指定役務についての登録を維持することができます。また、使用宣誓書を提出しない場合でも、存続期間満了までは一応有効な登録として存在しますが、不使用を推定する証拠となり、登録から10年間、一度も使用されない場合には更新が認められません。

" 異議申立制度の変更 "

　従来、アルゼンチンの異議申立制度は、当事者間の自主的解決（和解）に委ねられ、１年間の交渉期間内に和解ができない場合、出願人が異議申立を不服として訴訟を提起しないと、出願は放棄されたものとみなされてきました。

　しかしながら、2018年の新規則制定により、交渉期間内に当事者間で和解できない場合でも、アルゼンチン特許庁が異議申立ての内容を審理し、異議の決定がなされるようになりました。具体的には、異議申立てがされると、アルゼンチン特許庁から出願人に対して、その旨の通知がなされ、３ヶ月間の交渉期間が設けられます。そして、交渉期間内に和解がされない場合、異議申立人の理由補充、出願人の答弁というように異議申立ての手続きが進行し、最終的にはアルゼンチン特許庁により異議の決定がなされます。また、当該異議の決定に対して不服がある場合には、アルゼンチン特許庁を経由して、裁判所に提訴することができます。なお、異議申立ての手続き中、双方の同意により、和解のための30日間のクーリングオフ期間を設定することも可能です。

ウルグアイ東方共和国 (Oriental Republic of Uruguay)

首　　都：モンテビデオ
面　　積：17.6万 km²
人　　口：345万人（2018年、世界銀行）
言　　語：スペイン語
通　　貨：ウルグアイ・ペソ
Ｇ　Ｄ　Ｐ：609.3億米ドル（2018年、IMF）
経済成長率：1.6%（2018年、ウルグアイ経済財務省）

■商標権取得

保護対象	商品商標、サービスマーク 証明商標、団体商標
商標の種類	文字、図形、記号、立体的形状、色彩の組み合わせ、音
マドプロ加盟	未
分類	ニース国際分類 類見出しの使用：可 小売役務：可
多区分の可否	可
必要書類	委任状
相対的登録要件	審査有り
ディスクレーム	有り
コンセント	無し
早期審査	無し
情報提供	有り
拒絶への応答	発行日から30日、延長無し

公開データベース	無し
異議申立期間	出願公告日から30日間
出願から登録まで	約12ヶ月
存続期間	登録日から10年
更新期間	存続期間満了日前6ヶ月以内 グレースピリオド：満了後6ヶ月以内
不使用取消	有り（継続して5年）
不使用以外の取消	有り（司法）

■権利行使

民事救済	差止命令、損害賠償、その他
行政救済	無し
刑事救済	禁固

■商標出願の動向

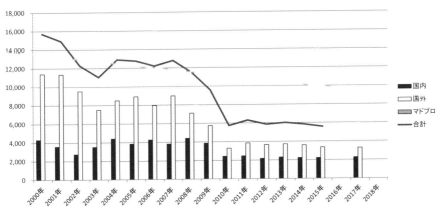

北米・中南米

エクアドル共和国 (Republic of Ecuador)

首　　都：キト
面　　積：25.6万 km²
人　　口：1,708万人（2018年、世界銀行）
言　　語：スペイン語（他にケチュア語、シュアール語等）
通　　貨：米ドル
Ｇ　Ｄ　Ｐ：1,084億米ドル（2018年、世界銀行）
経済成長率：1.4%（2018年、世界銀行）

■商標権取得

保護対象	商品商標、サービスマーク 証明商標、団体商標
商標の種類	文字、図形、記号、立体的形状、色彩の組み合わせ、音
マドプロ加盟	未
分類	ニース国際分類 類見出しの使用：可 小売役務：可
多区分の可否	否
必要書類	委任状（認証要）
相対的登録要件	審査有り
ディスクレーム	有り
コンセント	有り
早期審査	無し

情報提供	有り
拒絶への応答	発送日から2ヶ月、1ヶ月1回の延長可
公開データベース	無し
異議申立期間	出願公告日から30業務日
出願から登録まで	約8ヶ月
存続期間	登録日から10年
更新期間	存続期間満了日前6ヶ月以内 グレースピリオド：満了後6ヶ月以内
不使用取消	有り（継続して3年）
不使用以外の取消	有り（行政・司法）

■権利行使

民事救済	損害賠償
行政救済	水際措置
刑事救済	罰金

■商標出願の動向

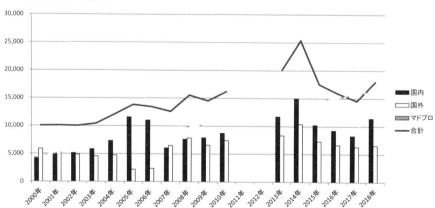

北米・中南米

カナダ（Canada）

首　　都	オタワ
面　　積	998.5万 km²
人　　口	約3,789万人（2020年１月カナダ統計局推計）
言　　語	英語、仏語が公用語
通　　貨	カナダ・ドル
Ｇ　Ｄ　Ｐ	１兆7,133億米ドル（2018年、世界銀行）
経済成長率	1.7％（2019年、カナダ統計局）

■商標権取得

保護対象	商品商標、サービスマーク、証明商標
商標の種類	文字、図形、記号、立体的形状、単色の色彩、色彩の組み合わせ、音、動き、ホログラム、位置、香り、味等
マドプロ加盟	2019年６月17日
分類	ニース国際分類 類見出しの使用：否 小売役務：可
多区分の可否	可
必要書類	無し
相対的登録要件	審査有り
ディスクレーム	無し
コンセント	有り（ただし、認められるかどうかは審査官の裁量による。）
早期審査	無し
情報提供	有り
拒絶への応答	発行日から６ヶ月、６ヶ月１回の延長可（特別な事情があれば更なる延長が認められ得る。）
公開データベース	有り http://www.ic.gc.ca/app/opic-cipo/trdmrks/srch/bscSrch.do?lang=eng&wt src=cipo-home&wt cxt=toptask
異議申立期間	出願公告日から２ヶ月間

出願から登録まで	約24-28ヶ月
存続期間	登録日から10年（ただし法改正前（2019年6月17日以前）の登録は登録日から15年）
更新期間	存続期間満了日前6ヶ月以内 グレースピリオド：満了後6ヶ月以内または更新通知日から2ヶ月以内のいずれか遅い方
不使用取消	有り（継続して3年）（行政）
不使用以外の取消	有り（司法）

■権利行使

民事救済	差止命令、損害賠償、その他
行政救済	水際措置
刑事救済	罰金、禁固

■商標出願の動向

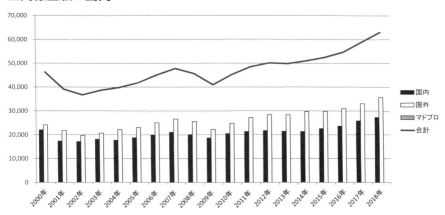

■権利化までの流れ

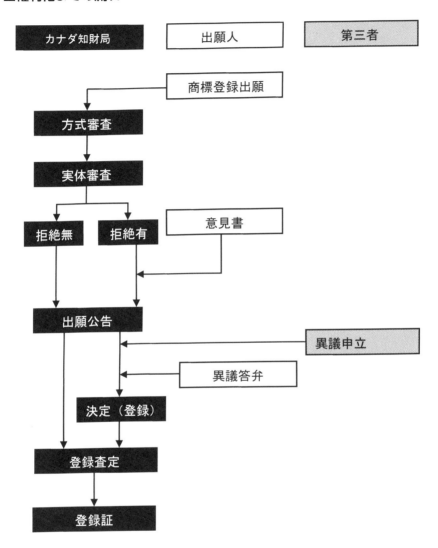

■カナダ　トピックス

　カナダにおいては、長期間に渡り改正商標法の施行日が未定でしたが、2019年6月19日にようやく施行されました。以下、実務上重要と思われる改正点をいくつかご紹介します。

・出願基礎の特定・使用宣誓書の提出が不要に
　改正前は、使用の意思、使用、又は外国における登録等が必要とされていましたが、改正によりこれらの要件は不要になりました。また、従来は使用の意思に基づく出願において提出が求められていた使用宣誓書の提出が不要になりました（改正後の出願のみならず、改正前の出願にも適用されます）。これまで、カナダにおいては、最終的に使用宣誓書を提出できずに権利化を断念するケースが少なくなかったと思いますので、大きな改正ポイントです。

・区分制度の導入
　改正前は、カナダでは区分制度が採用されていませんでしたが、改正後は、ニース協定への加盟に伴いニース分類に基づく区分指定が要求されます。

・商標権の存続期間
　改正前は、登録日から15年でしたが、改正後は登録日から10年になります。なお法改正前に登録された商標については、登録日から15年です。

・マドプロに加盟
　マドプロ出願でカナダを指定することができるようになりました。

北米・中南米

キューバ共和国 (Republic of Cuba)

首　　都：ハバナ
面　　積：109,884km²
人　　口：約1,148万人（2017年、世界銀行）
言　　語：スペイン語
通　　貨：キューバ・ペソ及び兌換ペソ
Ｇ　Ｄ　Ｐ：96,851百万米ドル（2017年、世界銀行）
経済成長率：2.2%（2018年、世界銀行）

■商標権取得

保護対象	商品商標、サービスマーク 団体商標
商標の種類	文字、図形、記号、立体的形状、色彩の組み合わせ、音、ホログラム、香り
マドプロ加盟	1995年12月26日
分類	ニース国際分類 類見出しの使用：否 小売役務：可
多区分の可否	可
必要書類	委任状
相対的登録要件	審査有り
ディスクレーム	有り
コンセント	有り
早期審査	無し
情報提供	無し

234

拒絶への応答	発行日から60日、30日１回の延長可
公開データベース	無し
異議申立期間	出願公告日から60日間
出願から登録まで	約18ヶ月
存続期間	出願日から10年
更新期間	存続期間満了日前６ヶ月以内 グレースピリオド：満了後６ヶ月以内
不使用取消	有り（継続して３年）
不使用以外の取消	有り（行政）

■権利行使

民事救済	差止命令、損害賠償請求、その他
行政救済	水際措置
刑事救済	無し

■商標出願の動向

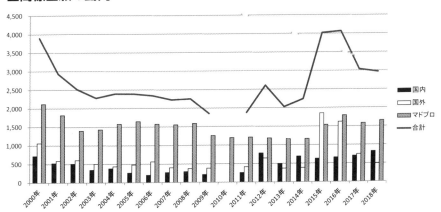

北米・中南米

グアテマラ (Republic of Guatemala)

首　　都：グアテマラシティー
面　　積：108,889km²
人　　口：約1,725万人（2018年、世界銀行）
言　　語：スペイン語、その他に22のマヤ系言語等あり
通　　貨：ケツアル
Ｇ　Ｄ　Ｐ：784.6億米ドル（2018年、グアテマラ中央銀行）
経済成長率：3.1%（2018年、グアテマラ中央銀行）

■商標権取得

保護対象	商品商標、サービスマーク 証明商標、団体商標
商標の種類	文字、図形、記号、立体的形状、色彩の組み合わせ、音、香り
マドプロ加盟	未
分類	ニース国際分類 類見出しの使用：可 小売役務：可
多区分の可否	否
必要書類	委任状（認証要）
相対的登録要件	審査有り
ディスクレーム	有り
コンセント	有り
早期審査	無し
情報提供	無し
拒絶への応答	方式の欠陥の場合は受領日から１ヶ月、実体的な拒絶理由の場合は受領日から２ヶ月、延長無し

公開データベース	無し
異議申立期間	出願公告日から２ヶ月間
出願から登録まで	約６-９ヶ月
存続期間	登録日から10年
更新期間	存続期間満了日前12ヶ月以内 グレースピリオド：満了後６ヶ月以内
不使用取消	有り（継続して５年）
不使用以外の取消	有り（司法）

■権利行使

民事救済	差止命令、損害賠償、その他
行政救済	水際措置
刑事救済	罰金、禁固

■商標出願の動向

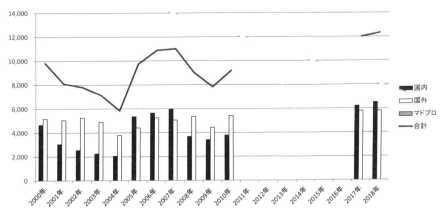

北米・中南米

コスタリカ共和国 (Republic of Costa Rica)

首　　都：サンホセ
面　　積：51,100km²
人　　口：499万人（2018年、世界銀行）
言　　語：スペイン語
通　　貨：コロン
Ｇ　Ｄ　Ｐ：60,100百万ドル（2018年、コスタリカ中央銀行）
経済成長率：3.2%（2017年、コスタリカ中央銀行）

■商標権取得

保護対象	商品商標、サービスマーク 証明商標、団体商標
商標の種類	文字、図形、立体的形状、音
マドプロ加盟	未
分類	ニース国際分類 類見出しの使用：可 小売役務：可
多区分の可否	可
必要書類	委任状
相対的登録要件	審査有り
ディスクレーム	無し
コンセント	無し
早期審査	無し
情報提供	有り
拒絶への応答	受領日から15日又は30日

公開データベース	無し
異議申立期間	出願公告日から２ヶ月間
出願から登録まで	約６ヶ月
存続期間	登録日から10年
更新期間	存続期間満了日前12ヶ月以内 グレースピリオド：満了後６ヶ月以内
不使用取消	有り（継続して５年）
不使用以外の取消	有り（行政）

■権利行使

民事救済	差止命令、損害賠償、その他
行政救済	水際措置、摘発
刑事救済	罰金、禁固

■商標出願の動向

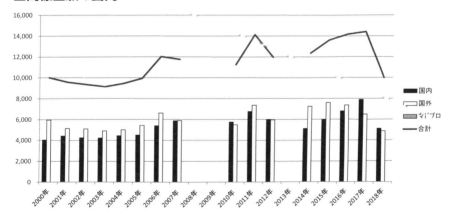

北米・中南米

コロンビア共和国 (Republic of Colombia)

首　　都：ボゴタ
面　　積：1,139,000km²
人　　口：4,965万人（2018年、世界銀行）
言　　語：スペイン語
通　　貨：コロンビア・ペソ
Ｇ　Ｄ　Ｐ：3,331億米ドル（2018年、IMF）
経済成長率：2.6％（2018年、コロンビア国家統計庁）

■商標権取得

保護対象	商品商標、サービスマーク 証明商標、団体商標
商標の種類	文字、図形、記号、立体的形状、色彩の組み合わせ、音
マドプロ加盟	2012年8月29日
分類	ニース国際分類 類見出しの使用：可 小売役務：可
多区分の可否	可
必要書類	委任状
相対的登録要件	審査有り
ディスクレーム	有り
コンセント	有り
早期審査	有り
情報提供	有り

拒絶への応答	発行日から60日、延長無し
公開データベース	有り https:sipi.sic.gov.co/sipi/Extra/IP/TM/Qbe.aspx?sid=637357487394259389
異議申立期間	出願公告日から30業務日
出願から登録まで	約6-7ヶ月
存続期間	登録日から10年
更新期間	存続期間満了日前6ヶ月以内 グレースピリオド：満了後6ヶ月以内
不使用取消	有り（継続して3年）
不使用以外の取消	有り（司法）

■権利行使

民事救済	差止命令、損害賠償、その他
行政救済	水際措置、摘発
刑事救済	罰金、禁固

■商標出願の動向

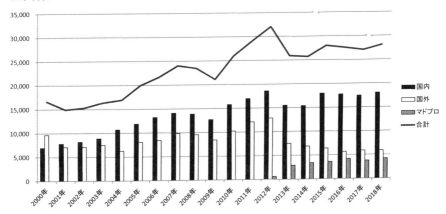

北米・中南米

241

ジャマイカ（Jamaica）

首　　都：キングストン
面　　積：10,990km²
人　　口：293.4万人（2018年、世界銀行）
言　　語：英語（公用語）、ジャマイカ、クレオール語（いわゆる「パトワ語」を含む）
通　　貨：ジャマイカ・ドル
Ｇ　Ｄ　Ｐ：157.1億米ドル（2018年、世界銀行）
経済成長率：1.8%（2018年、世界銀行）

■商標権取得

保護対象	商品商標、サービスマーク、連合商標、シリーズ商標、証明商標、団体商標、3D 商標
商標の種類	文字、図形、記号、立体的形状、単色の彩色、色彩の組み合わせ
マドプロ加盟	未
分類	ニース国際分類 類見出しの使用：否 小売役務：可
多区分の可否	可
必要書類	欧文字以外の商標は英訳が必要、ロゴ商標は商標見本が必要
相対的登録要件	審査有り
ディスクレーム	有り
コンセント	有り
早期審査	無し

情報提供	有り
拒絶への応答	発行日から1-3ヶ月（指令内容による）、1回につき3ヶ月の延長可、正当な理由があれば回数無制限
公開データベース	無し
異議申立期間	出願公告日から2ヶ月間
出願から登録まで	約8-12ヶ月
存続期間	出願日から10年
更新期間	存続期間満了日前6ヶ月以内 グレースピリオド：満了後6ヶ月以内
不使用取消	有り(継続して5年)(行政・司法)
不使用以外の取消	有り(行政・司法)

■権利行使

民事救済	差止命令、損害賠償
行政救済	水際措置、摘発、その他
刑事救済	罰金、禁固

■商標出願の動向

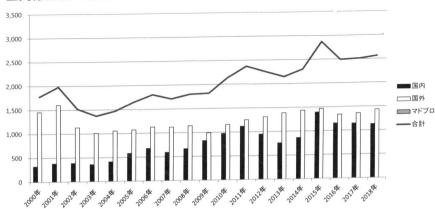

北米・中南米

チリ共和国 (Republic of Chile)

首　　　都：サンティアゴ
面　　　積：756,000km²
人　　　口：1,873万人（2018年、世界銀行）
言　　　語：スペイン語
通　　　貨：チリ・ペソ
Ｇ　Ｄ　Ｐ：2,803億米ドル（2018年、IMF）
経済成長率：1.5%（2017年、チリ中央銀行）

■商標権取得

保護対象	商品商標、サービスマーク 証明商標、団体商標
商標の種類	文字、図形、記号、色彩の組み合わせ、音
マドプロ加盟	未
分類	ニース国際分類 類見出しの使用：可 小売役務：可
多区分の可否	可
必要書類	委任状
相対的登録要件	審査有り
ディスクレーム	有り
コンセント	無し
早期審査	無し
情報提供	無し
拒絶への応答	発送日から30業務日、延長無し

公開データベース	有り https://ion.inapi.cl/Marca/BuscarMarca.aspx
異議申立期間	出願公告日より30業務日
出願から登録まで	約6ヶ月
存続期間	登録日から10年
更新期間	存続期間満了日前6ヶ月以内 グレースピリオド：満了後1ヶ月以内
不使用取消	無し
不使用以外の取消	有り（司法）

■権利行使

民事救済	差止命令、損害賠償、その他
行政救済	水際措置、摘発
刑事救済	罰金

■商標出願の動向

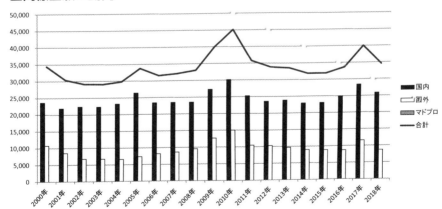

北米・中南米

ドミニカ共和国 (Dominican Republic)

首　　都：サントドミンゴ
面　　積：48,442km²
人　　口：約1,076万人（2017年：世界銀行）
言　　語：スペイン語
通　　貨：ドミニカ・ペソ
Ｇ　Ｄ　Ｐ：75,931.6百万米ドル（2017年、ドミニカ共和国中央銀行）
経済成長率：4.6%（2017年、世界銀行）

■商標権取得

保護対象	商品商標、サービスマーク 証明商標、団体商標
商標の種類	文字、図形、記号、立体的形状、単色の色彩、色彩の組み合わせ、音、香り
マドプロ加盟	未
分類	ニース国際分類 類見出しの使用：可 小売役務：可
多区分の可否	可
必要書類	委任状
相対的登録要件	審査有り
ディスクレーム	有り
コンセント	有り
早期審査	無し
情報提供	無し

拒絶への応答	受領日から30日または60日、特許庁の裁量で30日または60日の延長可
公開データベース	有り http://www.onapi.gov.do/index.php/busqueda-de-signos-nombres-y-marcas
異議申立期間	出願公告日から45日間
出願から登録まで	約3ヶ月
存続期間	登録日から10年
更新期間	存続期間満了日前6ヶ月以内 グレースピリオド：満了後6ヶ月以内
不使用取消	有り（継続して3年）
不使用以外の取消	有り（行政）

■権利行使

民事救済	損害賠償、その他
行政救済	水際措置
刑事救済	罰金、禁固

■商標出願の動向

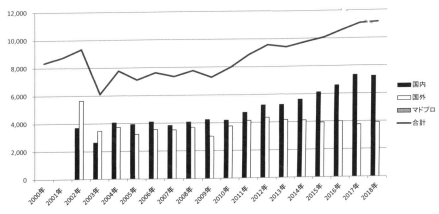

北米・中南米

バミューダ諸島 (Bermuda Islands)

首　　　都：ハミルトン（Hamilton）
面　　　積：53.3km²
人　　　口：64,935人
言　　　語：英語、ポルトガル語
通　　　貨：バミューダ・ドル（BMD）
Ｇ　Ｄ　Ｐ：55.74億米ドル（2013年、世界銀行）
経済成長率：－2.5％（2013年、世界銀行）

■商標権取得

保護対象	商品商標、サービスマーク 連合商標、シリーズ商標、防護商標、3D 商標
商標の種類	文字、図形、記号、立体的形状、単色の彩色、色彩の組み合わせ
マドプロ加盟	未
分類	ニース国際分類 類見出しの使用：否 小売役務：可
多区分の可否	否
必要書類	委任状、欧文字以外の商標は英訳が必要、ロゴ商標は商標見本が必要
相対的登録要件	審査有り
ディスクレーム	有り
コンセント	有り
早期審査	無し
情報提供	無し

拒絶への応答	発行日から6ヶ月、1回につき2ヶ月または6ヶ月の延長可。回数は審査官の裁量による。
公開データベース	無し
異議申立期間	出願公告日から2ヶ月間
出願から登録まで	約8-12ヶ月
存続期間	出願日から7年
更新期間	存続期間満了日前2ヶ月以内 グレースピリオド：満了後6ヶ月以内
不使用取消	有り（継続して5年）（行政・司法）
不使用以外の取消	無し

■権利行使

民事救済	差止命令、損害賠償
行政救済	水際措置、その他
刑事救済	罰金、禁固

■商標出願の動向

※グラフは WIPO による統計数値の資料がない為、省略。

パラグアイ共和国 (Republic of Paraguay)

首　　都：アスンシオン
面　　積：40万6,752km²
人　　口：696万人（2018年、世界銀行）
言　　語：スペイン語、グアラニー語（ともに公用語）
通　　貨：グアラニー
Ｇ　Ｄ　Ｐ：408億米ドル（2018年、世界銀行）
経済成長率：3.6%（2018年、世界銀行）

■商標権取得

保護対象	商品商標、サービスマーク 証明商標、団体商標
商標の種類	文字、図形、記号、立体的形状、色彩の組み合わせ、音、動き、ホログラム、香り
マドプロ加盟	未
分類	ニース国際分類 類見出しの使用：可（1〜34類のみ） 小売役務：可
多区分の可否	否
必要書類	委任状（認証要）
相対的登録要件	審査有り
ディスクレーム	有り
コンセント	無し
早期審査	無し
情報提供	有り

拒絶への応答	受領日から90日、延長無し
公開データベース	無し
異議申立期間	出願公告日から60業務日
出願から登録まで	約12-18ヶ月
存続期間	登録日から10年
更新期間	存続期間満了日前12ヶ月以内 グレースピリオド：満了後6ヶ月以内
不使用取消	有り（継続して5年）
不使用以外の取消	有り（司法）

■権利行使

民事救済	差止命令、損害賠償
行政救済	水際措置
刑事救済	罰金、禁固

■商標出願の動向

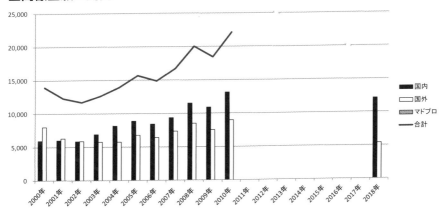

ブラジル連邦共和国 (Federative Republic of Brazil)

首　　都：ブラジリア
面　　積：851.2万 km²
人　　口：約2億947万人（2018年、世界銀行）
言　　語：ポルトガル語
通　　貨：レアル
Ｇ　Ｄ　Ｐ：1兆8,686億米ドル（2018年、世界銀行）
経済成長率：1.1%（2018年、ブラジル地理統計院）

■商標権取得

保護対象	商品商標、サービスマーク 証明商標、団体商標
商標の種類	文字、図形、記号、立体的形状、色彩の組み合わせ、位置
マドプロ加盟	2019年10月2日
分類	ニース国際分類 類見出しの使用：可 小売役務：可
多区分の可否	否
必要書類	委任状
相対的登録要件	審査有り
ディスクレーム	無し
コンセント	有り
早期審査	無し
情報提供	無し

拒絶への応答	公報の発行日から60日、延長無し
公開データベース	有り https://gru.inpi.gov.br/pePI/jsp/marcas/Pesquisa_ classe_basica.jsp
異議申立期間	出願公告日から60日間
出願から登録まで	約8ヶ月
存続期間	登録日から10年
更新期間	存続期間満了日前12ヶ月以内 グレースピリオド：満了後6ヶ月以内
不使用取消	有り（継続して5年）
不使用以外の取消	有り（行政・司法）

■権利行使

民事救済	差止命令、損害賠償
行政救済	水際措置
刑事救済	罰金、禁固

■商標出願の動向

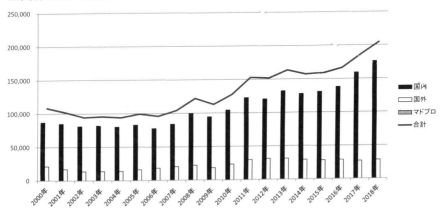

北米・中南米

253

■権利化までの流れ

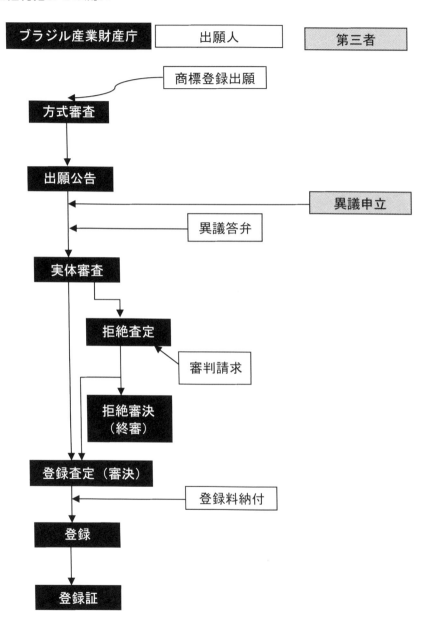

ブラジル産業財産庁　　出願人　　第三者

商標登録出願

方式審査

出願公告

異議申立

異議答弁

実体審査

拒絶査定

審判請求

拒絶審決
（終審）

登録査定（審決）

登録料納付

登録

登録証

■ブラジル　トピックス

マドプロ加盟

　ブラジルは、2019年7月2日にマドプロに加盟し、同年10月2日よりマドプロ出願が可能となりました。

　マドプロ加盟にともない、ブラジルの商標制度は大きく変わりつつあります。

　数年前までは審査期間が長く、出願から登録まで約3年かかっていましたが、2018年頃から、早いものは7～10ヶ月で登録されるようになりました。マドプロ出願については、導入されて間もないことから、直接出願よりは時間がかかっているようですが、拒絶通報期間は18月が宣言されており、将来的には更なる審査期間の短期化も期待できるかもしれません。また、マドプロ出願で多区分一出願や共同出願、出願及び登録の分割が適用されるようになり、直接出願についても整備が進められています。

　今後ブラジルに出願する際には、費用面・管理面でメリットの多いマドプロを活用するケースが非常に多くなると予想されますが、異議申立制度については注意が必要です。

　ブラジルは、付与前異議申立制度を採用しており、出願公告から60日間の異議申立期間が設けられています。異議申立書が提出されると、直接出願であれば出願人に通知され、出願人は通知から60日以内に答弁書を提出することができます。一方、マドプロ出願の場合は、異議申立がなされても出願人に直接通知はされず、異議申立が公報に掲載されるのみとなっています。出願人はこの公報掲載から60日以内に答弁書を提出することになりますが、異議申立の事実を知らないまま答弁書提出期間が経過してしまうという事態が起こり得ます。

　異議申立に対する答弁書の提出の有無に関わらず、審査官は実体審査を行いますので、答弁書を提出しなかったからといって直ちに出願が拒絶や取消となるわけではありませんが、反論の機会を一回失ってしまうことになります。

　ただし、早い段階でブラジルの代理人を選任して、公報をウォッチングすることで、このような事態は回避することができます。デメリットをカバーする手段を講じながら、メリットの多いマドプロをうまく活用していきたいものです。

北米・中南米

ベネズエラ・ボリバル共和国
(Bolivarian Republic of Venezuela)

首　　都：カラカス
面　　積：912,050km²
人　　口：2,753万人（2019年、IMF）
言　　語：スペイン語（公用語）及び先住民族の諸言語
通　　貨：ボリバル
Ｇ　Ｄ　Ｐ：3,117億米ドル（2018年、IMF）
経済成長率：−35.0％（2019年、IMF 推定値）

■商標権取得

保護対象	商品商標、サービスマーク 証明商標、団体商標、防護商標
商標の種類	文字、図形、記号、立体的形状、単色の色彩、色彩の 組み合わせ、音、位置
マドプロ加盟	未
分類	現地分類、ニース国際分類 類見出しの使用：可 小売役務：可
多区分の可否	否
必要書類	委任状（認証要）
相対的登録要件	審査有り
ディスクレーム	有り
コンセント	有り
早期審査	無し

情報提供	有り
拒絶への応答	方式的な欠陥の場合は発行日から30業務日、実体的な拒絶理由の場合は発行日から15業務日、延長無し
公開データベース	無し
異議申立期間	出願公告日から30業務日
出願から登録まで	約10-12ヶ月
存続期間	登録日から15年
更新期間	存続期間満了日前6ヶ月以内 グレースピリオド：無し
不使用取消	有り（継続して2年）
不使用以外の取消	有り（司法）

■権利行使

民事救済	差止命令、損害賠償、その他
行政救済	水際措置
刑事救済	罰金、禁固

■商標出願の動向

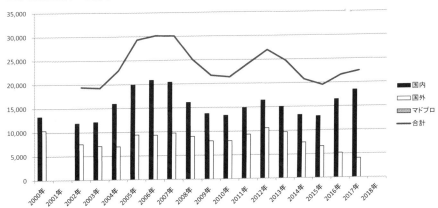

北米・中産米

257

ペルー共和国 (Republic of Peru)

首　　都：リマ
面　　積：約129万 km²
人　　口：約3,199万人（2018年、世界銀行）
言　　語：スペイン語（他にケチュア語、アイマラ語等）
通　　貨：ソル
Ｇ　Ｄ　Ｐ：2,252億米ドル（2018年、IMF）
経済成長率：4.0%（2018年、IMF）

■商標権取得

保護対象	商品商標、サービスマーク 証明商標、団体商標
商標の種類	文字、図形、記号、立体的形状、色彩の組み合わせ、音、ホログラム、香り
マドプロ加盟	未
分類	ニース国際分類 類見出しの使用：可 小売役務：可
多区分の可否	可
必要書類	委任状
相対的登録要件	審査有り
ディスクレーム	有り
コンセント	有り
早期審査	無し
情報提供	有り
拒絶への応答	受領日から30日、延長無し

公開データベース	有り http://sistemas.indecopi.gob.pe/osdconsultaspublicas/
異議申立期間	出願公告日から30日間
出願から登録まで	約5ヶ月
存続期間	登録日から10年
更新期間	存続期間満了日前6ヶ月以内 グレースピリオド：満了日後6ヶ月以内
不使用取消	有り（継続して3年）
不使用以外の取消	有り（司法）

■権利行使

民事救済	損害賠償、その他
行政救済	水際措置
刑事救済	罰金、禁固

■商標出願の動向

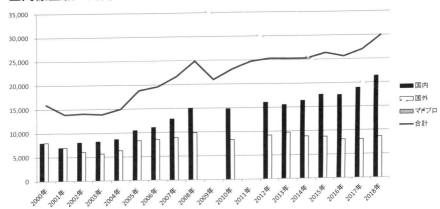

北米・中南米

ボリビア多民族国 (The Plurinational State of Bolivia)

首　　都：ラパス（憲法上の首都はスクレ）
面　　積：110万 km²
人　　口：1,135万人（2018年、世界銀行）
言　　語：スペイン語及びケチュア語、アイマラ語を中心に先住民
　　　　　言語36言語
通　　貨：ボリビアーノス
Ｇ　Ｄ　Ｐ：407億米ドル（2018年、IMF）
経済成長率：4.0%（2018年、IMF）

■商標権取得

保護対象	商品商標、サービスマーク 証明商標、団体商標
商標の種類	文字、図形、記号、立体的形状、単色の色彩、色彩の組み合わせ、音、香り
マドプロ加盟	未
分類	ニース国際分類 類見出しの使用：可 小売役務：可
多区分の可否	否
必要書類	委任状（認証要）
相対的登録要件	審査有り
ディスクレーム	無し
コンセント	無し
早期審査	無し
情報提供	有り

拒絶への応答	方式的な欠陥の場合は受領日から60業務日、実体的な拒絶理由の場合は受領日から10業務日、延長無し
公開データベース	無し
異議申立期間	出願公告日から30日間
出願から登録まで	約10ヶ月
存続期間	登録日から10年
更新期間	存続期間満了日前6ヶ月以内 グレースピリオド：満了後6ヶ月以内
不使用取消	有り（継続して3年）
不使用以外の取消	有り（司法）

■権利行使

民事救済	差止命令、損害賠償、その他
行政救済	水際措置、摘発
刑事救済	罰金、禁固

■商標出願の動向

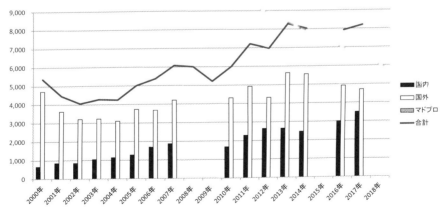

メキシコ合衆国 (United Mexican States)

首　　都：メキシコシティ
面　　積：196万 km²
人　　口：約1億2,619万人（2018年、世界銀行）
言　　語：スペイン語
通　　貨：メキシコ・ペソ
Ｇ　Ｄ　Ｐ：1.223兆米ドル（2018年、IMF）
経済成長率：2.0%（2018年、IMF）

■商標権取得

保護対象	商品商標、サービスマーク 証明商標、団体商標
商標の種類	文字、図形、記号、立体的形状、色彩の組み合わせ、音、ホログラム、香り、トレードドレス
マドプロ加盟	2013年2月19日
分類	ニース国際分類 類見出しの使用：否 小売役務：可
多区分の可否	否
必要書類	委任状
相対的登録要件	審査有り
ディスクレーム	無し
コンセント	有り
早期審査	無し
情報提供	有り

拒絶への応答	受領日から２ヶ月、２ヶ月の延長可
公開データベース	有り https://marcia.impi.gob.mx/marcas/search/quick
異議申立期間	出願公告日より１ヶ月間
出願から登録まで	約３-６ヶ月
存続期間	出願日から10年（2020年11月５日以降に登録されたものは、登録日から10年）
更新期間	存続期間満了日前６ヶ月以内 グレースピリオド：満了後６ヶ月以内
不使用取消	有り（継続して３年）
不使用以外の取消	有り（司法）

■権利行使

民事救済	差止命令、損害賠償
行政救済	水際措置
刑事救済	罰金，禁固

■商標出願の動向

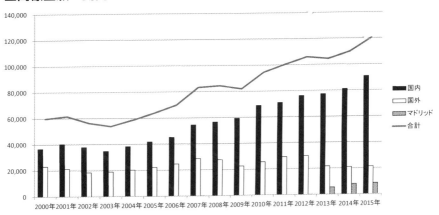

北米・中南米

■権利化までの流れ

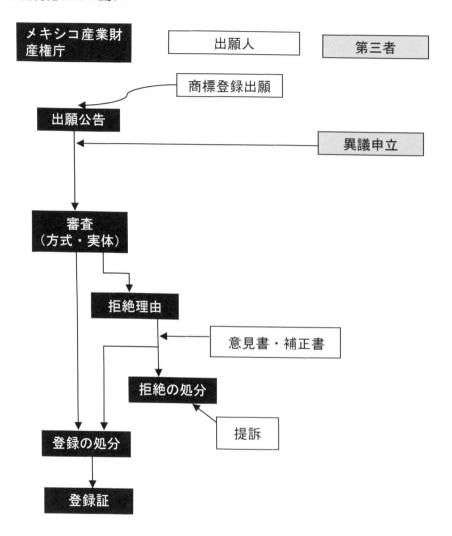

■メキシコ合衆国　トピックス

改正続くメキシコ商標

　メキシコでは、2018年に大幅な法改正がありました。改正の内容は、「使用宣誓書の提出義務」「類見出しによる商品・役務の指定禁止」「商標の定義の拡大（新しいタイプの商標の保護）」「最先の使用日の明確化」「同意書制度の導入」など多岐に亘っており、メキシコでの商標権の取得・維持の方法や手続きに大きな影響を与えました。

最先の使用日の提出義務

　「（1）登録日から3年経過後3ヶ月以内」と「（2）更新時（10年毎）」に使用宣誓書を提出しなければならなくなります（注：（2）は2018年改正前からです）。

　ここで注意が必要なのが、マドプロのメキシコ指定です。（1）の「登録日」は、WIPOからの保護認容声明の通知の日ではなく、「メキシコ官庁が登録を認めた日」です。そして、多区分で出願している場合には、区分によって「メキシコ官庁が登録を認めた日」が異なることがあり、その場合、使用宣誓書の提出期限も異なる日となります。（2）の「更新時」は「国際登録更新申請がWIPOからメキシコ官庁に通達されてから3月以内」です。期限を誤って宣誓書を提出できなかった場合、商標権は失効してしまいますので、ご注意ください。

最先の使用日

　商標を使用している場合は願書に「最先の使用日」を記載しなければならず、最先の使用日の記載のないものは使用を開始していないと判断されます。他者の使用する商標や先登録商標との抵触が問題となった場合、この日付に応じた主張や対応をすることになるので、商標が出願日前に使用されている場合は立証可能な最も早い使用開始日を願書に記載するのが望ましいです。2018年の法改正において「最先の使用日」は、商標がメキシコで最初に使用された日であると規定されましたが、2020年7月1日に発効したUSMCA（米国・メキシコ・カナダ協定）により改正知財法が2020年11月5日に施行され、この地域的制限が緩和されるとされています。

　さらに、2020年11月5日以降に登録された商標の存続期間は登録日から10年となります。

　めまぐるしく変わるメキシコ商標制度、しばらく目が離せません。

カバーデザイン　イエロードッグスタジオ

世界の商標ハンドブック

平成 29 年（2017 年）5 月 30 日　初版発行
令和 2 年（2020 年）12月 14 日　第 2 版発行

編　　者　特許業務法人　三枝国際特許事務所　商標・意匠部　編

発　　行　一般社団法人 発明推進協会

発 行 所　一般社団法人 発明推進協会
　　　　　所在地　〒105-0001 東京都港区虎ノ門 3-1-1
　　　　　電　話　03-3502-5433（編集）03-3502-5491（販売）
　　　　　Ｆ Ａ Ｘ　03-5512-7567（販売）

印　　刷　株式会社丸井工文社　　　　　　　　　Printed in Japan
乱丁・落丁本はお取り替えいたします。
ISBN 978-4-8271-1353-2 C3032
本書の全部または一部の無断複写複製を禁じます（著作権法上の例外を除く）。

発明推進協会 HP：http://www.jiii.or.jp